修復的司法

現代的課題と実践

RESTORATIVE JUSTICE
Contemporary Themes And Practice

ジム・コンセディーン
ヘレン・ボーエン　編集
前野育三／高橋貞彦　監訳

関西学院大学出版会

修復的司法

——現代的課題と実践——

RESTORATIVE JUSTICE
Contemporary Themes And Practice

ジム・コンセディーン／ヘレン・ボーエン　編集
前野育三／高橋貞彦　監訳

関西学院大学出版会

日本語版への序文

もしも、我々が過去の一五〇年間にわたって西欧の世界の刑事司法の実務から学んだことが一つあるとすれば、刑罰は犯罪者の行動を変えることも、抑止的判決が犯罪を減少させることもないということである。

よりもっと多くの人々が、拘禁刑を宣告されるようになってきた――西側諸国ではその数は二五年間に、三倍に――それでも犯罪率は上昇し続けている。

これにはいくつかの例外がないわけではないが、我々に、我々が行っていることは、全く役に立ってはいないという確信を植えつけながらも、合衆国では、受刑者人口が二百万人を越えても有罪判決を増加させ続けている。

犯罪はどんな社会にとっても災難である。しかし、もしも、その否定的な効果が人の精神に入り込めば、悪性腫瘍に変わることがあり得る。恨み、怒りと復讐心が、被害者とその家族の精神生活を汚染し、偏見を持たせ、さらに、それらの機会が、最初の犯罪の効果以上に、その被害が一層破壊的なものにするである。

ニュージーランドでは、懲罰的な少年司法システムが、決して建設的な役割を果たしてはいないということが明らかになって来て、一九七〇年代にこの問題に直面し始めた。少年犯罪者が裁判所のシステムによって厳しく処罰されてきているにもかかわらず、成人の犯罪者へと昇進したのだった。

この失敗にうまく対処するために、ニュージーランドは、古い時代の先住民の指導原理を基礎にして、家族グループ会議という近代的なシステムを作り出した。これらには、犯罪者が、そうするように促進された集会で、被害者に会うことが含まれる。このプロセスは、修復的司法（あるいは変化させる力のある司法）として知られるようになった。それは、現在、成人の司法管轄でも広範囲に試みられているプロセスである。そのプロセスには、多くの利点がある。修復的司法のプロセスは、被害者のために重大な役割を演ずることができる。そこで、初めて、被害者が自分の気持ちを聞いてもらえる本当のチャンスを与えられている。彼らに起こったことについて犯罪者と折り合うのを援助する。それは、恨みの最も悪い効果が始まるのを防止し、治癒のプロセスが始まるのを援助することができる。

促進された会議で、被害者と犯罪者が会った場合に考えられるのは、犯罪者が謝罪を申し出て、説明をして、そして被害者が考えと感情の表現をするのを容易にする。

通常、どのように問題を進めるべきかについての勧告が、裁判官に対して行われる。しかしながら、その決定は、裁判所へと進むこともできるが、多くの場合はそうはならない。

会議で、犯罪者たちは、自分の悪い行動に対して責任をとり、引き起こした損害を償おうと努力する。こうした苦痛が、癒され始める。拘禁刑が、いくつかの犯罪には選択肢として残るのであるが、補償、コミュニティ・サービスおよび保護観察のようなその他のコミュニティに基礎を置いた選択肢も、広範囲に考慮される。

かくして、修復的司法は、プロセスに従事する人々を援助するだけではなく、より広く、コミュニティが、その魂と精神の基底を発達させることにも役立つであろう。これは、やがては、社会のために積極的な効果を持ち、また、コミュニティの健全と福利を増進する。

修復的司法の中心の議論は、人間が紛争をコミュニティで解決することができるかどうか、あるいは、それが国家の介入を要求しているかどうかという重要な問題点なのである。明らかに、素晴らしい促進と、相当程度の我慢、柔軟性と善意が、その質問への積極的な回答の中心である。ニュージーランドの経験では、これまでのところ、若干の失敗にもかかわらず、修復的司法の利益は、その他のいかなる考察よりもはるかに重要である。

修復的司法は、多くの国で真剣に求められている。アメリカ合衆国、大英帝国、北アイルランド、南アフリカとオーストラリアで、すでに、非常に多くの努力がなされた。スカンジナビア、フィリピン、太平洋の島々では、コミュニティと政府が、より良い刑事司法のプロセスを提供する斬新な方法を求めている。

私は、日本で、そのようなプロセスが考慮されていることを喜ばしく思っている。さらに、この本がこの極めて重要な変更を促進するのに役立つであろうことを名誉に思う。日本の人々は、国家に頼ることなしに紛争を解決することに関して長く、そして高潔な歴史を持っている。修復的司法のプロセスがこの特徴を強化するであろう。日本は、すでに、犯罪に対するその回答について西欧の国々に教えるべき非常に多くの事を持っている。より多くを望むなら、より多く聞こうとするだろう！

二〇〇〇年一〇月一八日

ニュージーランド、リットルトン、私書箱一七三、

ジム・コンセディーン

訳者はしがき

修復的司法という大きな流れが生じている。従来の刑事司法や刑罰は、国家が犯罪者を罰するためのものであった。罰するだけでは、将来の犯罪を防止することはできない。そこで少年については、少年自身の保護に重点を置いた別個の手続や保護処分が発達した。これは、少年の福祉や教育に寄与し、再犯防止に役立った。戦後の日本は少年司法が成功した国の一つに数えられるであろう。しかし刑事司法にせよ少年司法にせよ、加害者と被害者との仲直りという視点を忘れて、国家と被疑者・被告人、あるいは国家と少年との関係に限定した点では共通している。犯人が罰せられたからといって被害者は癒されるであろうか。犯人少年が教育のための処分を受けた場合も基本的には同様である。被害者にとっては、犯人が罰せられることよりも、犯罪による苦しみを加害者に直接語り、加害者から真剣な謝罪を受け、賠償を約束される方が、はるかに癒しになるのではないであろうか。

加害者と被害者の仲直りのための手続を取らず、犯罪事件の解決を国家と被疑者・被告人との関係として、また、国家と受刑者、国家と少年との関係として捉える従来の刑事司法や少年司法では、被害者にとっては、事件の解決として受け入れられないものがある。また、犯人の立ち直りを考えても、被害者の苦しみの理解を通じて、自分のやったことの意味を深く悟ることが必要である。その上で、真剣な謝罪をし、可能な限りの損害賠償をすることが重要である。

犯罪に対する責任は、刑罰を甘受することによってではなく、被害者に謝罪と賠償を行なうことによって果たされるべきではないであろうか。こうして、加害者と被害者の仲直りが成立することが、社会にとっても、犯罪事件のより完全な解決として受け止められるものになるのではないであろうか。こうして被害者の癒し、加害者の癒し、コミュニティの癒しが達せられる。刑務所や少年院を増やすことよりも、加害者と被害者の仲直りを支援することが、国や社会の重要な任務なのではないであろうか。

犯罪による被害者にとっては、犯罪は突然降りかかる不幸である。このような不幸が減少するよう、国や社会は可能な限りの施策を講じなければならない。そうすれば、不幸な被害者を減らすことができるであろう。加害者と被害者との仲直りを促進するというやり方は、再犯を防止し、犯罪を減少させる上で、きわめて有効な方法になると思われる。しかし、どのような方法を講じても犯罪による被害を「絶滅」することはできないということを理解しておかなければならない。こうして生じる不幸な被害者に対して、上記のように加害者からの賠償は重要な意味を持つが、それとあわせて、犯罪被害者に対する国家・社会の側からの補償の充実が必要である。また、被害者が受けた精神的被害に対する配慮、とくに心的外傷の治療について、社会の側からの支援が必要である。証言の義務について、その負担を軽減するための付添人活動も必要である。被害直後の忙しさを手伝うという平凡な援助も忘れてはならない。

このような支援の充実と並んで重要なのが、不幸な出来事に対する解決への心構えと技術を、常日頃から訓練することである。人は不当な攻撃による被害で不幸におちいった場合、一層の破局を迎えるような自己破壊的な行動に出ることがしばしばある。これは当人にとっても社会にとっても不幸なことである。和解への心構えと技術を訓練することの重要性を強調しておかなければならない。ノルウェーの仲裁委員会を見学したときも、そこの活動の多くが、このような心構えと技術の指導にあることを聴いて感心したものであるが、本書を貫く精神も犯罪後の仲直りへの心構えと技術についても示唆深いものである。

小包爆弾で手を失いながら、もしその犯人が新しい国造りに寄与したいと言ってくれば心から赦し協力するであろうという、南アフリカの神父の話は感動的である。自動車事故で愛児を失い、加害者と一言も交わすことができずに走り去られた母親の無念さ、話し合いができたケースにおける赦しの気持ち、本書には多くの物語がある。

不幸な犯罪事件を減少させること、不幸にして発生してしまった犯罪について、加害者と被害者との対面方式による解決を制度化し、被害者・加害者・コミュニティのいずれにとっても癒しになるような解決方法をとること、そのために常日頃から仲直りへの心構えと技術を訓練すること、これらが将来の犯罪問題の解決の方向であると私どもは確信している。本書はこのような方向で犯罪問題を解決しようとする者にとって、強力な導きの書になるであろう。

前野　育三

目次

第一部 …………………………………………（訳者）

第二部　コミュニティ・グループ会議の手続の要約……………

第三部　修復的司法の五つの判決……………

序文 一

刑法の基礎をなしている哲学では、罪を犯すことによって害されるのは、社会、共同体の全体であると理解されている。しかし、通常、実際の被害者は個人であり、また、大多数の事件で、刑事上の制裁は、被害者が被った侵害や憤慨の感覚を満足させてはいない。刑事手続きの、正に非個人性は、その行為とその結果の両方から人間性を奪う傾向がある。犯罪者も、あまりにもしばしば、彼が行ったことの真の影響をはっきりと理解せず、さらに、被害者は、犯罪者を見ることができない、手の届かないところで、下された判決に服していることを知るだけに過ぎない。犯罪者と、その犯罪の結果は、相互に、人間的な関係を生み出さないように思われる。

修復的司法の概念は、被害者と犯罪者の両方の必要性を満たすのにより良い方法として、若年犯罪者との関係で、この国で発展してきたものである。それは、他の場所でも、かなりの関心を引き付けた、このモデルは、適切なケースでは年長の犯罪者にも適用できるモデルを提供するものと確信する。同じく、私は、相当数のマオリの犯罪者たちについて、マラエ（集会所）での伝統的な方法で処理する余地があるものと信ずる。

本書の諸論文は、我々の伝統的な対審構造の、また懲罰的な法律制度をどれほど高めることが出来るかにかんする進行中の議論にも貴重な貢献をするものである。本書で、促進され、論じられた考えが、広く深く考慮されることは、重要でかつ肝要である。

一九九八年一一月

マイケル・ハーディー・ボーイズ卿（GNZM、GCMG、ニュージーランド総督）

序文　二

このような重要な本の序文を書くよう依頼されたことはまことに光栄である。紛争と社会の害を扱うことに関して、多くの社会が採ろうとしている方向に挑戦しているので、まさに、非常に好都合な時期が到来した。我々は大きく、急速な社会的変化の時代に生きている。我々の経済的・社会的・地政学的生活の多くの局面が、予想できない方向へ大規模に変化している。これらの諸変化の真中に、ほとんど議論されず、分析されず、関心をもたれることもなく、重要で危険な展開が、西洋の民主主義国で起きている。刑務所収容の利用の大規模な増加が、あまり省みられない内に進行した。それでもなお、その数は劇的で、その意味は、重大である。

他の社会的な変化と共に、合衆国は世界をリードしている。一九八〇年には、合衆国の刑務所人口は、五〇万人であったが、一九九七年の終わりまでに、一七〇万人になった。一九八五年の終わりに、合衆国の住民三二〇人に一人が刑務所に収容されていた。一九九五年の終わりには、合衆国の住民、一六七人に一人になった。その過程は阻止できないように思われ、さらにもっと多くなるものと、合衆国では想定されている。西暦二〇〇〇年には、合衆国は、二〇〇万人の国民、すなわち、ニュージーランドの人口の半分以上を施設に収容しているだろうと推定される。

合衆国、カナダ、オーストラリア、ニュージーランドなどの国々が、その国の少数民族をその人口比よりもはるかに高い比率で刑務所に収容している。特定のグループの人々、例えば、合衆国の黒人男性にとって、彼らが成長して学士となるであろうという可能性よりも、成長して囚人になるであろう可能性の方がより一層大きいのである。一九九一年に生まれたアメリカの男性がその生涯において刑務所に行く可能性は（裁判前の拘禁や、短期の拘禁を除いて)、白人男性で二三人に一人、ヒスパニック系の男性で六人に一人、また、黒人男性で四人に一人であることを、合衆国政府の統計が示している。

オーストラリアでの不均衡は、さらに一層顕著である。一九九五年の終わりに、オーストラリア先住民はオーストラリアの住民の一・七%であったが、刑務所でのそれは一九%にもなった。

カナダの先住民は、カナダの人口の二%に過ぎない。けれども、二年以上の刑に服すために送られる連邦刑務所では、男性の一二%、女性の一五%がカナダ先住民であった。ニュージーランドでは、一九九五年に刑務所に収容された全ての男性たちの二分の一以上、また、女性たちの三分の二以上が、マオリであった。ニュージーランド人中一〇〇人に一二人だけがマオリであるに過ぎないのにである。

西ヨーロッパでの刑務所人口の増加は、より少ないものの、それにもかかわらず重要である。オランダの低い刑務所収容率は、何年間も、世界中の刑罰改革者と社会改革者にとって、驚きと称賛の的であった。一九七五年には、オランダの刑務所の監房の数は、二三五六で、また、刑務所収容率は一〇万人に一七人であって、世界でもっとも少ないの国の一つであった。一九九六年の終わりには、一万二〇〇〇人が刑務所に収容され、そして刑務所収容率は、一〇万人中八〇人近くに達した。西ヨーロッパの他の国では、その増大は、それほど劇的ではないが、同様に大きい。スペイン、イタリア、ギリシヤ、ポルトガル、オーストリア、ノルウェー、スウェーデン、フランスの各国は、すべて大幅な増加を見せた。イングランドとウェールズで、刑務所人口は、一九九三年の四万一五〇〇人から、一九九八年中頃に六万五〇〇〇人以上にまで増加した。

ニュージーランドも同様に、その傾向に追随した。一九八七年に、刑務所の平均人数は、三〇〇〇人の少し手前にあった。一九九八年三月一日に、その数は五万二八八人へ上昇し、七七%増加した。二〇〇〇年の終わりには、刑務所の収容人員が、五九〇〇人弱になるよう計画されている。さらに、二〇一〇年までには、七七五〇人に、刑務所の定員が増加される計画がある。

社会問題に対する解決策としての大量監禁の結果は重大である。社会の価値に敵対して社会から疎外され、犯罪と結びついた巨大な反社会的な階級を形成するため、社会的安全が重大な脅威にさらされることになる。非常に多くの人々が刑務所で交友関係を作り、そこで彼らの価値を確認し、そして彼らの仲間の囚人たちとビジネスネットワークを作ったとしたら、それは危険な世界となるであろう。拘禁中に社会を敵として見ることを学んだ多くの若者は、いったん刑務所システムを通じて加工されてしまった方が、その犯罪キャリアの初めに罪を犯した時よりもっと大きな脅威となってしまうのである。

さらに、「社会がどれぐらいの刑務所収容を許す余裕があるのか?」と我々は尋ねる必要がある。そのような多数のパーセントの人々を国家の資金に依存させるために、何が犠牲にされるのだろうか? 拘禁の増大を支えるために、保健と教育の資金が欠乏するならば、国民の福利にとって何と危険なことだろうか?

多くの人々の安全が、そのように多数のマイノリティーの自由の剥奪によってのみ達成することができるとすれば、民主主義自体にとって何と脅威であろうか? 結果の重大性を秤量することと、その論点を考慮すること、およびコストの評価をすることなしに、我々は異なった種類の社会、つまり多数派にとっての平和と秩序を保証しようと試みるために、人口の相当多数のマイノリティーを閉じ込めるよう期待している社会に向かおうとしている。それは、都合良くゆくはずはないだろう。

我々は、もっと良い方法、その矛盾と刑務所の心臓の機能障害とを認める方法を見つける必要がある。我々は大衆が、我々とは関係のないシステムで、ガタガタの機械がギーギーと音を立てていると感じている深い不満に答える必要がある。我々は、傷つけられた人「被害者」を、もっと深く認識し、そして加害者に責任の感覚を持たせようとする必要がある。

現在の懲罰のシステムでは、被害者が無視されている。犯罪は、国家に対するものである。その手続によって、我々は、有罪を宣告された人々に、責任の感覚を増やさせるというよりもむしろ最小にするようにと取り扱っている。捕えられて、有罪を宣告された人々に、何が起っているのか？　それは、彼らに起こっていること（処罰されるかどうか）についてだけ考えることを教えるプロセスに追い込んでいる。彼らは有罪であったかもしれないが、しかし、それを証明することは国家に任されている。

もしも、彼らが有罪ではないと認定されるチャンスがあれば、彼らは有罪ではないと答弁するであろう。これらすべての手続は、犯罪者が、悪行の被害を受けた他者への義務を受け入れることを妨げている。

賠償と補償もまた、永年続いた応報と同じく、犯罪に対応する方法の永年続いた要素なのである。それは懲罰のシステムの限界と、それほど多くの若者の大量の拘禁の結果として生じる浪費と損害を、全世界の人々のグループが、認識し始めているということが、素晴らしい楽天主義の原因となっている。アフリカで、コミュニティに根ざした刑務所の代替として、補償と仲直りという、より初期のアフリカの伝統を描く新しい運動が成功裏に確立されている。ニュージーランドで、修復的司法を求める運動は、正に、素晴らしい興味を喚起して、そして異なった、そして一層建設的なアプローチへの方向を示している。多くの人々が、今、被害者のための一層の満足すべき方法と、コミュニティにもっと多くの癒しをという方法を見い出す必要性にかんする議論を確信させた。実践的な事柄へと移行する時がやってきた。そこでは、いかにして修復的な形態の司法が応報的システムにとって代わることができるか、それが現実的な道筋となるのはどのような犯罪か、うまく機能する際にはどう働くのか、我々はそこから何を期待し、それはいかにして樹立し得るのか、などが考えられるのである。

この本は、そのギャップを満たして、そして、熱意ある多くの人々が、現在のシステムから離れた道と、次の千年期に犯罪と刑罰を扱うことについてのいっそう適切な方向に向かって進み始めるために必要なツールを与えようとするものである。

一九九八年八月二四日

ビビアン・スターン（事務局長＝国際的刑罰改革＝ロンドン）

序論

最近、タクシー運転手が暴行で告発され、抗弁のためクライストチャーチ地方裁判所に出頭するよう召喚された。その審理は二時間を要した。その告発の主旨は、空港でのタクシーの客待ちの列に関したもので、被告人が、告発人を突いたとか、あるいは殴ったとかいう問題であった。その審理が終わると、裁判官は当該事件が証明されたと認定した。その男は、裁判所に出頭する前、すでに五カ月近く失業しており、彼とその家族の生活費は母親の収入に依存していたのだが、判決の結果、彼は有罪となって、タクシーの免許証を失い、刑事裁判法第一九条の下に釈放され、裁判費用二〇〇ドルを払うよう命令された。告発人と二人の証人は、その「軽い」処罰にぶつぶつ不平を言いながら裁判所を去り、一方、被告人は、彼の話を信じて貰えなかったことに気が動転していたようだった。

このような手続きは、この場合、正義を求めるのに最善の方法であっただろうか？　我々はそうではないと信じる。それは現在のパラメータの下の見事な実務ではある。しかし、手短に、何が起きたかを吟味してみよう。その朝少なくとも一一人がそれに関わった（裁判官・速記官・記録官・原告・被告人・四人の証人と二人の警察官である）。それは、（被告人の家族のための）五カ月間の所得援助を含めて、納税者に数千ドルの負担をかけたのだった。キー・プレイヤーのいずれもが、満足にはほど遠い状態だった。そこには、仲直りも、結果の受け入れも、平和もなかった。

よりずっと生産的で、そしてもっと費用のかからない方法は、次の修復的司法に見出すことが出来る。以下は、今日、若者司法のケースで広く一般的に使われているモデルであり、そこでは、被害者と犯罪者も含めて、種々の関係者が、促進者（facilitator）と一緒に、会合を持つことが出来る。両者（被害者と犯罪者）が同意し、犯罪者が事件に対する責任を認めた場合には、円卓ミーティングが援助的な環境で開催されることができるのである。それは上述の空港のケースについても可能で、謝罪・容赦・仲直り・幾らかの弁償で、皆が仕事を続けることが出来たのである。そのケースは五カ月もかからずに、数日で解決することができたはずであった。いずれのシステムが、より素晴らしいだろう？　心の広い方々にとっては、答えは明確であると我々は考えたい。

これは、もしも、修復的司法が実践されたならば、もっとうまく処理されることができたであろう、数千の事件の内の一つのケースであった。個人の責任と、より良い人間の相互作用、損傷の癒し、特に被害者の癒しの機会を創造することを求める修復的司法は、ほとんどの場合に、犯罪を犯したことに対する一層積極的な選択肢（オプション）を提供する。それは、現在の犯罪に対する司法のシステムと平行して運営出来る手続きである。その中心、その動力（エンジン）は、つぐないにある。最初の問題は、「どのようにこの犯罪者が罰せられるのか？」よりも、「どのようにこの損害がつぐなわれるのか？」である。かくして、それは被害者にとってよりよい政策を提供する。そこには、被害者加害者双方の心の癒しと、実践的に役立つ適切な制裁がなされること、そして犯罪の再発と刑務所人口をどちらも徐々に減少させていくことが含まれているのである。

すべての犯罪が、そのプロセスで解決されるだろうか？　少なくとも、犯罪者が有罪の答弁を行った全ての事件で、彼／彼女が、自由意思で伝統的な裁判所システムに従うことに決めないかぎり、解決されるはずである。深い損傷のために、第一の被害者も、第二の被害者も苦しむのだから、犯罪には修復の過程が必要であると多くの人々が熱心に主張している。

人々を、二重に被害に遭うことから護ることが大切なのである。犯罪者が、力の上で被害者を圧倒するため、場合によっては、第一の被害者が、その会議に短時間だけでも加わるということが適切ではないことがあるだろう。これは、例えば、女性たちや、子どもたちに対する性犯罪や暴力を含むケースにおいて、それは言えるだろう。このようなケースでは、第二の被害者が第一の被害者のために、発言してもよいだろう。家族が同席することも、より適切なバランスを作る一つの方法である。

この本は、ほとんどが、アオテアロア（ニュージーランド）の状況のみを扱ってはいるが、我々は、その研究結果が他の国および法域で応用され得るだろうと信じている。我々の国は、その大きさと、コミュニティが比較的同種性をもつ故に、また、不正と苦難に直面して、革新的な社会変革を求めるという長い伝統の故に、そのようなプロセスを試す理想的な場所であった。我々は、また、アオテアロア／ニュージーランドの若者司法のプロセスが一九八九年以来、伝統的なマオリの司法を大いに支える、修復的哲学で運営されて来たという事実に大いに助けられた。本書の執筆者たちによって使われた、コミュニティ・グループ会議（ＣＧＣ）と、修復的司法会議（ＲＪＣ）等の用語が相互に交換可能であることを特に言及するべきであろう。それらは、若者司法で使われる家族グループ会議（ＦＣＧ）と同様の概念を反映しているものである。

本書は、修復的司法過程の中心となる主目的を説明しようと努めている。それは法律にかんする問題点、懲罰的であるよりむしろ修復的な方法の実務、成功した実践を支える道徳律と価値、および修復的司法のもたらす積極的な結果に焦点を合わせている。

すべての執筆者は、一人の例外をのぞいて、ニュージーランドで働くニュージーランド人である。ナイピァーで生まれ、そこで教育を受けた神父マイケル・ラプズリィーは、南アフリカで生活し、そして働いている。我々は、彼のニュージーランドとの家族的な繋がり、彼の司法に対する生涯の献身、アパルトヘイトによって引き起こされた手紙爆弾の被害者としての彼自身の苦しみ、さらに、慈悲・赦し・癒しと仲直りが、真の刑事司法の重要な構成要素であるとの彼の深く保たれた信念の故に、彼の論文を印刷することを光栄に感じる。

全てのコミュニティ・グループ会議に関係する人の名前と、その地名は変更してある。本書の目的は、これらに関係した人々をさらに処罰したり、あるいは困惑させたりすることではなく、修復的アプローチによって何が可能なのかを例示することである。我々は、修復的司法が適用された裁判所からの五つの判決をも掲載する。さらに、この付録にも重要な論文がある。

我々は、開発されている修復的司法は、マオリが修復的司法の一部ではあるけれども、マオリの分離された司法システムの開発と混同されるべきではないことを明確にしたい。

ティノ・ランギティランギ（真の主権）について語るワイタンギ条約の第二条の下に、我々は、他の主要な生活のエリアで、マオリが決めることができるように、彼らの法律を表現する彼ら自身の刑事司法手続を開発する権利が与えられていると信じる。アオテアロアには、「万人のための一つの法律」は一度も存在しなかった。常に、条約の二つの当事者があり、また、条約はマオリの法律とマオリ自身の法律手続を認めている。

修復的司法は、すでに始まっている。一九九八年には、オークランドの成人の裁判所で、修復的司法の手続きで扱われた七〇以上の事件があった。これらには、加重強盗と性的暴行のような重大な告発も含まれていた。この本は、これらのケースの結果の数例を報告する。

一九九七年一一月に、閣議が、四つのエリアでの裁判の試験的な手続きにかんする文書を認可し、予算から利用可能にされ資金供給が準備された。しかし公式の試験は、いまだ予定表にあるだけで、予算の資金供給で支えられているわけではない。司法省は、最も重大な犯行をも含めて、一二〇〇件以上が、正式に、三年間以上試みられることを予想していた。立法の変更が必要ではないので、これらの手続が直ちに使われ得ない理由はない。オークランド、ニュープリマス、パーマストンノース、ホークズベイ、ウェリントンとクライストチャーチを含めてニュージーランドの数カ所で、その促進者たちが一年以上実践してきた。

ニュージーランド上訴裁判所は、一九九八年七月に、修復的司法の含まれる最初の事件を審理した。同裁判所は、その判決、クロットワーシー事件（**15 CRNZ 651 CA**）で、修復的司法の原理がニュージーランドの法律にあったと確信することを明確にした。その裁判官は、傷害の故意のある加重強盗を含む告発にかんする事件で、訴追側に有利に認定した。量刑判決の厳しさが増しているにも関わらず、彼らは語った。

我々は、この判断が、修復的司法の概念に対する一般的な反対を表現するものとして、見られると思いたくはない（本質的に、刑事裁判法の第一一条と第一二条の背後にある政策）。それらの政策は、しかしながら、他の判決政策、特にこの場合、重大な暴力の事件を扱う第五条に固有のものとバランスがとられなくてはならない。いずれの見地が優勢であるべきかは、特定のケースでバランスがとられるべき評価に依存するであろう。たとえバランスが見いだされたとしても、このケースのように、第五条の政策に賛成するためには、裁判所が科すよう指示される拘禁刑の期間の長さに、修復的見地が、重要な影響を持つことができる。彼らは、そのような方法で、最終的な結果に、その場所を見出した。

現在の問題は、修復的司法を採用するか否かではない。いつ採用するかだけが問題なのだ。

ジム・コンセディーン
ヘレン・ボーエン

一九九八年一一月一日

第一部

執筆者たち

ヘレン・ボーエンは、コミュニティ・グループのための修復的司法の促進者たちを訓練している。彼女は、オークランドで刑事専門弁護士と仲裁人をしている。彼女は、「裁判に代わるもの」の代表で、「テ・オリテンガ修復的司法」のグループのメンバーである。

ドナ・デューリー・ホールは、ウェリントンの弁護士（barrister）で、ニュージーランド・マオリ評議会が原稿を準備するのを手伝った。

ジム・コンセディーンは、二〇年間、刑務所の教誨司を務め、修復的司法の全国的なコーディネーターである。

マイケル・ラプズリー神父は、ニュージーランドで生まれた英国国教会の司祭で、南アフリカ・ケープタウンの「暴力と拷問の被害者のための外傷センター」の宗教主事である。

F・W・M・マッカレー裁判官は、オークランドに本拠地を置き、ニュージーランドの修復的司法手続の先駆者を支援した。

エドワード・ライアン裁判官は、ティマウルに本拠地を置き、一二年間、地方裁判所の裁判官をしている。

スタン・ソーバーン裁判官は、オークランドに本拠地を置き、地方裁判所の裁判官をしている。

ジム・ボイヤックは、オークランドの刑事専門弁護士で、「裁判に代わるもの」の代表（共同）であり、また、オークランドの「テ・オリテンガ修復的司法」のグループのコーディネーターに加わった。

レレランギ・ランギヒカ警視は、警察のオークランドの中央ビジネス地区の地区管理官である。

アンネ・ヘイドンは、オークランドの「テ・オリテンガ修復的司法」のグループのネットワークのコーディネーターである。

ピーター・ヘンダーソンは、犯罪者と犯罪の被害者と一緒に働いたという背景を持っている。

クリスティーン・ヒッキーは、ウェリントンの弁護士で、ニュージーランド法律委員会で働いている。

マット・ハキアハは、西オークランドのホアニ・ワイティティ集会所に本拠地を置く促進者である。

第一章　司法を役立つものにすること

ヘレン・ボーエン

今日の私の仕事は喜びにあふれるものだった。若者が彼の行動に対して責任をとるという、修復的司法会議が開催された。オブザーバーの私にとって、精神的なものと、真実とを求めて、マオリとパケハ（白人）が集まったのだった。カラキア（祈祷師）の熱い口調は壁に溶け込んだ。会議の促進者、ジョーの優しい説得と、彼の与えた慰めの振る舞いは、この若者の問題について、我々を受容的にし、協力する心構えを作っていた。我々（その若者・彼のワナウ（家族）・被害者・その家族）のすべてが、一体となって、その世話を受けた。我々は敬意と暖かさと愛を感じた。アロハ（優しい想い）の感覚が部屋に広がった。カラキアは、我々を別の考えへと動かし、我々を現実に戻し、我々の若者の支援を癒しに焦点を当てるようにとさせた。我々の毎日の生活のすべてのプレッシャーが、この目的のために脇に置かれた。

形式的な手続きが完了し、我々全員が、その事件を慎重に、また、徹底的に吟味した。我々の焦点は、彼の行動、彼の間違いについてであった。彼とその友人たちが、一人の少年のジャケットを強奪したのだった。彼の家族は話し合ってから、彼に話した。彼は、賢明さと洞察の贈り物の言葉を聞いた。彼の意見が、しばしば求められた。彼の行動は、批判されたけれども、彼は、常に、人として認められていた。彼は、より一層、責任をとりたいと思うようになった。彼は、マッチョ（乱暴な男）の殻を脱ぎ捨て、自分自身を曝し、心を開いた。

彼の意見が尋ねられた。彼の母親は、優しさの雰囲気で、静かに彼を叱った。彼は、話を聞いて、自分がとらなければ

ならない責任に、もがき苦しんだ。彼は、非難を受け入れ、仲裁への道を歩こうとした、三人の中のただ一人であった（他の二人はそうしなかった？）。彼は、孤独を感じた。被害者と、その家族は、復讐心に燃えるのではなく、慈悲深さを選んで、慈悲を与えようという、寛大な人々であった。彼らは、彼の謝罪と、提案された制裁を受け入れた。

彼のワナウは権限を与えられた。その若者は、償いをして、マナ（自分）の自尊心を持ちたいと望んだ。彼は、話を聞き・学び、そして最終的に再評価された。本当の話が明らかにされた。ジグソーパズルの破片が、徐々に元に戻された。修復のプロセスで、真実が明らかにされ、無事切り抜けた。

会議は、警官による温かく、優しい祈祷で終了した。

一九九八年八月二六日

序論

ニュージーランド政府は、一九八九年に若年犯罪者のために家族グループ会議を導入した。これは、以前の施設収容の福祉モデルから、犯罪者の責任と、家族に権限を与える司法モデルへの急進的な変更であった。施設は閉鎖され、家族が、彼らの若者たちに対して責任をとるようにと求められた。これを発揮する手段は、家族グループ会議であった。

クライストチャーチの裁判官ウィリアムソンは、若者司法の修復的性質を、短い言葉で要約した。

若い人々が我々の法律の下で特別な待遇を受ける。一九八九年一一月一日から、裁判所が、彼らを扱う方法が変化した。それは懲罰的システムや抑止システムよりはむしろ、修復的司法システムに専念することが要求されるので基本的な変更である。新しい法律の目標は、若者は無論、被害者とコミュニティが、彼らの犯罪によって引き起こされた害を癒すのを手伝うであろうプロセスに、参加することを可能にしたのだった。このプロセスの不可欠の部分が、家族グループ会議で取り決められたコミュニティの回答である。それは、裁判所が、成人の犯罪者を取り扱う場合に使うように求められる方法とは、非常に異なった方法で運営されるシステムである。[1]

その一〇年後に、現在、幾つかの裁判所が、家族グループ会議モデルを成人の犯罪者に適用している。一九九五年から、成人の修復的司法モデルが展開され、成人の犯罪者のために、二〇〇以上の会議が開かれた。それらの犯罪は、人に対する重大犯罪・死亡を引き起こした危険な運転から、全額が賠償された詐欺のケースにまでおよんでいる。ニュージーランド中のコミュニティ・グループが、修復的司法モデルを採用して、修復的司法会議を動かす促進者たちを訓練している。

修復的司法の実践

修復的司法は、犯罪を、人々との関係の侵害であると見ている。それは、物事を正す義務を創造する。それは、修理と和解と新たな確信を促進する解決策の探索に、被害者・犯罪者とコミュニティを取り込むものである。

他方、懲罰的司法は、犯罪を国家に対する侵害であると見て、違法と有罪を確認することと定義している。それは非難を決定し、犯罪者と国家の間の争いの中で刑罰を執行する。[2] 修復的司法は、法律に違反するとか、国家に対して犯罪を犯すこととは説明せず、他の人や、人々に危害を加えること、あるいは非行を犯すことと解釈して、犯罪を再定義しようとしている。犯罪者と被害者は、犯罪者の家族と、被害者を支援する人々の在席の上で、対話と交渉を通じて、対立を取り巻いている問題を発表することに直接に関与するよう奨励される。そのような対立に関係している人々は、その合意と、その最終的解決の中心となる権限を与えられる。

家族グループ会議の促進者の目標は、この過程を指導することである。最も親しい人々の支援と参加を得て、被害者と犯罪者が討論を出来るようにするので、私は、それを可能にするプロセスだと描写する。私は、同じく、それは商業的な調停とは違って、「結果」を無理に導き出すというよりも、むしろ、調停者と当事者が、ある結果を達成しようと努力することであると信じる。

その会議の目標は、癒しの環境で当事者の間で、他人について学び、その犯罪から発展して、他の問題を見極めることが出来るよう、意見交換を促進することである。その意見交換を記述することのもう一つの面は、罪を犯すことの「謎を解くこと」である。被害者の犯罪経験は、その時の瞬間を凍結する。被害者に犯罪者と会い、質問をするのを認めると、多くの恐れが霧散する。犯罪は、過去の出来事になり、その会合が、犯罪者にもっと良い未来を提供し、両当事者の恐れを忘れ去らせる機会にもなる。

前もって予定された結果はない。そのプロセスを通じて、被害者と犯罪者との関係の変容が起こることも可能である。

その対立の解決や、被害者の側の容赦さえ必ずしもなくてもかまわない。それは、単純に、当事者たちが、非難を求めない環境で、非行を解明する機会を与えられるということだけであるかもしれない。それは、当事者が過去の出来事に集中するよりも、むしろ将来のために解決を提起することを可能にするということであるかもしれない。そのプロセスは、犯罪者を前に犯罪を犯した知らない人としてよりも、今、面と向かって座っている人を犯罪者として眺めることを、被害者に可能にする。犯罪は、両方の当事者にとって、一層個人的な重要性を持つ。恐怖が、脇に置かれる。

修復的司法のプロセスは、犯罪者の責任と、被害者の認識と癒しを、その目的として持っている。これには、被害者と犯罪者の両方の完全な参加を必要とする。いずれかの当事者が参加することを望まない場合には、修復と癒しの機会は減少する。

望ましい修復的司法の実践の中心は、その被害者と犯罪者を支援するために出席する共同体の重要なメンバーの参加である。

コミュニティのメンバーの面前での責任の自認は、修復のプロセスを増進させる重要なものである。支援する人々と、家族のメンバーの在席の価値は、いくら強調しても強調し過ぎることはない。犯罪者が、罪を犯したことに対して責任をとることは、コミュニティの支援者の背後に対するものである。被害者が、この（犯罪者の側の）責任をとり、その結論を受け入れるとの意向と心構えを体験すると、その当事者たちの間の関係が変化する。それは、犯罪者を非難することから、犯罪者が再び犯罪を犯すことを止めるために、どのように被害者とコミュニティが、援助することができるかを求めることに移動する。会議の方向は、この段階で変化する。情報の共有と、責任の受け入れは、すべての当事者が、犯罪者のためになる結論を出すことと、被害者とコミュニティのための利益に目を転じることを認める。被害者とコミュニティの役に立つという当然の帰結は、同様に、もちろん、犯罪者のためにも利益である。犯罪者が責任をとることは、再犯を犯すことを防止するための努力をコミュニティが援助することを認める。

被害者の必要とするもの

『若者司法』の立法後の数年に明らかになったことは、犯罪の被害者が必要とするものを処理する莫大な可能性があったということであった。その立法が、被害者を支援する人々が会議に出席できるようにと改正した。

諸研究が、現在の刑事司法制度のせいで、被害者が、しばしば、再び被害者となるという感覚を経験することを示している。前の若者裁判所長官のミック・ブラウン裁判官は、「あまりにも刑罰に心を奪われている社会で、犯罪者たちは、彼らの行動について責任を負うことなく、被害者が忘れ去られている」と語った。[3]

被害者は、修復的司法のプロセスの必要不可欠な一部である。被害者が会議に参加する効果は、犯罪者が直接の責任をとって、彼／彼女が引き起こした害に立ち向かうことができるということである。懲罰的システムは、これを奨励しない。

何故、コミュニティが関係を持つべきであるか？

犯罪を犯すことは、コミュニティ全体に影響を与える。犯罪者は、そのプロセスでは、孤立することはできない。犯罪は、その犯罪者の親・子どもたちとパートナーに影響を与える。

これらの人々は、犯罪の第二の被害者である。第一義的な被害者は、犯罪者の行動の結果として害された人であり、同じく影響を受けている。もしも、原因や解決が求められるならば、犯罪を犯すことの結果は、分離して取り扱われるべきではない。別個に扱われるべきではない。

犯罪を犯すということは、一般的に、犯罪者の生活でひどく間違っている何かの外部への表明である。多数の犯罪がアルコールと薬の乱用に関係している。

暴力は、しばしばアルコール乱用の結果である。犯罪者の家族は、通常、その人が長く、刑事司法制度に曝されるので、その問題に非常に深く関係している。これらはコミュニティの問題であり、また、コミュニティが、彼らを取り扱う権限を与えられるのに相応しい。

面と向かって（直接）の遭遇

若者司法から得た経験の一つは、犯罪を犯すということが、建設的な方法で取り扱われることができるということである。犯罪者に、彼／彼女の行動の結果に直面させることは、その犯罪者が、刑事司法システムに曝されることから学ぶということを意味する。懲罰的システムは否定を強化し、犯罪を犯すことを個人の問題ではなくしてしまう。

会議では、犯罪者は、引き起こした害に対して責任をとらなければならない。多くの場合、腹を立てている被害者に対面させられることは、若い犯罪者たちに過酷な当惑をもたらす。彼らは、彼らの家族の前で被害者に対面して、恥ずかしさの感覚を経験する。もしも、この恥ずかしさが、コミュニティへの再統合の過程で生じれば、建設的である（役に立つ）と考えられ得る。その犯罪者は、そこで、結果を処理出来るようになり、損害賠償を贖うことが出来るようになる。多くの若い犯罪者たちが、「家族グループ会議に行かなければならないのか？」と私に尋ねる。彼らは、むしろ行きたくないのだ。それはありのままの経験である。彼らは、「裁判官による処理」の方を好むようである。

その会議は、若い犯罪者に重要な影響を与える。その会議の環境は、彼らに責任を負わせることを余儀なくする。被害者の言葉は有意義である、また、犯罪を犯すことの結果が明白になる。

修復的司法会議（ＲＪＣ）は、どれほどうまくいっているか？

成人の犯罪者のための修復的司法会議が、現在、ニュージーランド全体で行われている。最も一般的に、修復的司法会議（あるいはコミュニティ・グループ会議）が、犯罪者が有罪を答弁する意思を示した場合に開かれる。ＲＪＣの結果が出るまで（係争中）は、その答弁に入ることが出来る、または、有罪の判決も遅らせる事が出来、あるいは裁判所記録が、ＲＪＣの結果の係争中に、その犯罪者が有罪の答弁をほのめかしていることを書き留めることも出来る。

修復的司法会議の参加者には、犯罪者・彼／彼女の家族・被害者、時には、担当警察官と保護観察／社会内処遇の代表者を含む。その他の支援する人々も、招待されることが可能である。

事件の状況を再現することは、両当事者の自発的な参加によって、一層確実なものとなる。当事者たちの十分な準備が、一層能率化された方法で、会議が、うまく行くようにするだろう。そのプロセスにかんする明確な情報と、どのように当事者たちが参加するかが、非常に重要である。

その必要条件は、少なくとも申し立てられた犯罪を犯したことについてのその種の一般的な性質にかんする、その犯罪者による責任の自認／容認である。若者裁判所では、「否定されたのではない」の概念は、もっと柔軟に許される。犯罪を犯したことの一般的な性質が自認されたが、若干の実質的な事実が否定された場合でも、その事件は、会議に進めることができる。

ＲＪＣは、参加者に、よりよく知らせられ、また、より抑制されない環境で、その事実を詳しく考察する機会を与えられる。

事実にかんする警察の要約書の朗読は、犯罪者の弁明の前に行われる。会議は、それから、自由な方法で、その経験について犯罪者の考え方を聞く。次に、被害者が、彼らの考え方を提供するよう招かれる。これが、修復的司法のプロセスの始まりである。

伝統的な刑事司法システムの対審構造は、挙証責任を検察側にあるとして、被告人の沈黙の権利を強調する。これは確立された、長年認められた法律上の保護であるけれども、それらが起こった事件を再現することを求めるならば、いささか不自然な状況を作り出すことになる。ＲＪＣでの警察の事実の要約の説明は、事件が引き起こした事柄を一層正確に反映するよう、全ての当事者の同意の下に修正されることが可能である。これは、警官が出席している場合に限り行われ、その権限を有する。

ＲＪＣは、その犯罪を正確に反映する、その当事者たちの再現した事実を基礎にして、それから始めることが出来る。犯罪者と被害者の両方によって明確に説明された犯罪は、その信頼性の故に、一層真実に迫ったものになる。犯罪者が責任をとる機会が増加する。被害者の恐怖が少なくなり、そして、和解の機会が、ますます大きくなる。ＲＪＣは、かくして、犯罪者に一層容易に責任をとることができるようにし、そして従って、和解と容赦の機会を増やすことになる。

通常、犯罪者による基本的な事実の自認と、謝罪の後に、犯罪者は、犯罪に導いた背景を説明するステージに進むだろう。これは、弁明ではなく、説明の方法によってである。それから、犯罪が、被害者に、どのような影響を与えたかを話し出す。それから、さらなる議論に続いて、結局は、ある種の形式の結論に導びかれる。これは、しばしば、裁判所に報告される合意ともなるのである。

修復的司法の長所と短所

成人の（修復的）会議は、未成熟で、特別の根拠がある場合に行われるのだが、被害者への影響が（今までは）重要であった。成人の会議では、被害者が招かれるのだが、刑事司法システムでは、被害者は、ほとんどその地位を有しない。

大抵の被害者は、その犯罪者と彼／彼女の家族に会う機会について感謝していることを示している。被害者は、自分の質問に答えられることを高く評価し、また、何故その犯罪が起きたかを理解したいようである。その会議は、被害者に、彼ら自身で、何故、彼らが被害者として「選ばれたのか」を明白にすることを認める。「なぜ私の家なのか?」のような質問への答は、彼らの気持ちを楽にさせるのに役立つ。研究は、ほとんどの犯罪が行き当たりばったりに行われ、また、被害者は、監視されていたことは少なく、あるいは特定の理由で選択されたのではなかったということを知ると、被害者が気持ちの平安を取り戻すという感覚に達するのである。

ハワード・ゼァーは「無礼」にかんする被害者の感情について話している。犯罪を犯すことは、被害者に重大な無礼の感情を残している。それで、被害者は、何等かの方法で、これから回復し、尊敬を再び取り戻す必要がある。彼らは、尊敬の重要性を取り戻す必要がある。その犯罪について、彼らに（何故か？　を）尋ねさせる。被害者によって尋ねられた質問に対する回答は、コミュニティでの被害者の地位の確認を提供するように見え、また、確認の感覚が、その回答を得ることから生じるのである。それは同じく、被害者と犯罪者との間の変えられた関係の始まりを招来する。無礼の感覚が、その被害者から離れ始めた時に、犯罪者との関係が、一層健全で、一変した環境が始まり得るのである。

かくして、被害者は自尊心を取り戻すとの考え方に心を開くようになり、また、それ故に、犯罪時の犯罪者よりも、むしろ、出席している犯罪者に心を開くようになる。

修復的司法は、犯罪者が有罪を自認し、あるいは、犯罪者が有罪を認める暗示を与えた場合にのみ提案されるべきであることを、手続上の安全装置が要求する。もしも、この前に、その手続きが行われたならば、明らかに難しくなるだろう。会議で行われた自認は、機密保護協定によって守られるべきである。

会議の後に、被害者がもっと気分を悪くするかもしれないという危険もある。このデータは「子どもたち、若者たちと彼らの家族法（CYPFAct）」の研究を基礎にしており、また、多くの被害者たちが、家族グループ会議で満足しているよりも、成人会議での方が、相当少ないようである。そこで、準備段階で、再被害が起こらないようにするための特定のステップがとられている。修復的司法の過程は、自発的な参加に頼っている。強制的な刑事司法システムでは、これを得ることは困難である。若者司法の経験は、若者犯罪者が、法律によって会議に出席することを義務づけられていることには、ここ（成人の会議）では支持されない。

中立の概念もある。会議の促進者は、中立の第三者であるべきであるが、しかし、実際は、中立性には、妥協が避けられない。本当に実りの多い意見交換のためには、ある程度のコントロールが必要である。これには、いずれかの当事者の一方に対するどのような脅しをも回避すること、および、社会的技能と個人の能力のアンバランスの調整を含める。公平無視が、常に、会議の必要不可欠の条件であるとしても、中立であることは、常に、程度の問題であるであろうことを、諸研究が示している。

修復的司法は、量刑判決の過程での不一致を作り出すことも可能である。しかしながら、もしも量刑判決が、特定の犯罪者の必要性を最も良く満たすよう適合され、被害者の満足が得られるならば、その結果は、より安全なコミュニティを仕立てることになるだろう。きっと、これが真の司法の目的であるべきである。

修復的司法に対する将来の希望

ニュージーランド政府は、資金供給を受けて、修復的司法の実験的モデルを前進させた。また、ニュージーランド上訴裁判所は、修復的司法が、我々の刑事司法システムに、その地位を有していることを指摘した。何が、今、必要とされるか？

それを進める唯一の方法は、精密な調査を受け得るモデルを持った十分に資金が供給された計画を持つことである。促進者たちの徹底した訓練と、そのモデルの評価に着手されなくてはならない。そのプロセスと、その危険性の査定についての質問があるに違いない。何が、修復的司法であるか？　どの修復的司法モデルが適切であるか？

現在のモデルが、修復的司法の成果を作り出すか？　修復的司法システムの下で、被害者たちが、いっそううまくやっているか？　何が、再被害にされる被害者の可能性であるか？　促進者は、刑事司法の環境で中立であり得るか？　誰が関係者の任意性を算定するであろうか？　犯罪者が、彼らの解決法を受け入れることができるか？　量刑判決での同等性はどうであるか？　もしも、ある被害者たちが、他の被害者より一層寛大な場合には？

これらが、素晴らしい実用的なモデルを発展させるために答えられなければならない多くの疑問の幾つかである。その実験の評価のための資金供給は、促進者の訓練のための資金供給と同じく、不可欠である。

結論

修復的司法が、拘禁刑を増やすようにとの要求に立ち向かうための唯一の思慮深い方法である。刑務所が犯罪を作ることを、諸研究が示している。一度、刑務所システムに入った途端に、累犯の可能性が著しく増加する。刑務所が、否定を奨励し、加害者に否定を、彼らと共に共有することを認める。グループ否定は、より強力になる。この背景に反する、良心の呵責と善意は、事実上、存在し得ない。

それと対照的に、犯罪者の行為によって経験した痛みを明瞭に表現することを許すシステムが、その犯罪を個人の問題として捉え、また、犯罪者が、それを聞き、そして重要性を感じるよう義務づける。被害者がつらい思いをして責任の自覚を求める場合には、その否定は困難である。犯罪者は、警察の要約文書での第三者による報告よりも、その方が、その直接の結果を理解し、認識するに到るようになるのである。

この被害者は、犯罪によって傷付けられたことを話し、何故、私を傷付けたのかと尋ねることができる。この犯罪者は、なぜ、この被害者に対して、その犯罪を犯したのかを説明することができる。これらの当事者は、この情報を与え、また、それを受け取るための最善の場所に置かれる。もしも、これらのような意見交換が安全で、そのように組み立てられた方法で行われるならば、平和なコミュニティを築くことができるのである。

註

1 R.E. v Police, 2 March 1995, AP 328/94, Williamson J.

2 Howard Zehr, Changing Lenses, Herald Press, Scottdale, 1990, p.181.

3 Socio Legal Bulletin, Australia No 14, Spring 1994, p.35.

第二章　修復的司法＝マオリの見地

ニュージーランドマオリ評議会

カオレ　イ　ハンガイア　テ　クペンガヘイ　ホプ　イカ　アナケ、
エンガリ　イ　ハンガイア　キア　オイオイ　ロト　イ　テ　ネケネケ　オ　テ　タイ
網は、魚を捕えるためだけに作られたのではない、潮に流れるように、柔軟に作られる。

ンガティ　ランガイテアオレレ　テ　アラワ（テ・アラワのランガイテアオレレ族）

序論

現在の刑事司法システムは、マオリの人々の最善の利益に役立ってはいない。この論文は、修復的司法の原理の採用が、如何に、その法律をマオリのために有意義なものにすることが出来るかを導き出す。

現在、マオリは、主として、白人の裁判官・弁護人・陪審員と警察官によって取り扱われている。また、マオリは、被告人席に出頭する犯罪者数と、監獄内の囚人数の不相応な多数を構成している。しばしば、これが、法律は、敵対的で、遠い存在であり、マオリの必要とするものを理解し、マオリの利益を代表したりすることがないようだとの見解に導いたのであった。マオリは、しばしば、司法システムが、公正さを彼らに提供することが出来ないものであると考えている。そのシステム内で、マオリの手続と修復的司法のモデルをより多く使うという独立した司法のシステムを含めて、多くの解決策が提案された。

マオリにとってさらに有意義な司法を提供する方法として、時々、多くの異なった考え方が、たとえば、素人の弁護人（文化的な意見を代表する）の任命、既存のシステムでのマオリによる相談、コミュニティの会議を開催すること、およびマラエ（集会場）で裁判を行うことを含めて実行された。これらの諸提案の多くが、刑事司法プロセスに、人間性と重要性を加えたが、しかし、より一層本質的な変更が必要である。マオリにとって、その本質は、コミュニティへの権威の修復と、個人からグループへの焦点の移転にある。

修復的司法は、司法の別のシステムではないと同様に、既存の刑事司法システムにプロセスを付け加えることでもない。それは、単に、マオリの司法システムではないと同様に、それは既存のプロセスの若干だけをマラエに移転することではない。修復的司法は、我々の観点では、ニュージーランドの、パケハ（白人）とマオリの両方のコミュニティの中に存在することが出来、また、全体のシステムの不可欠な部分として、裁判所を基礎にしたプロセスと並行して機能することができる司法の補足的システムを提供するべきである。

修復的司法は、被害者と犯罪者と家族をも含めて、彼ら自身の全てのメンバーに対して責任をとる権限が、コミュニティ内の人々に与えられることを確実にすることにかんする基礎であり得る。それは、その人々自身からの有意義な投入と、社会的グループに修復させられるべき責任に関しても考慮することができる。国家のシステムは、他方、他の作戦が失敗する時に、保護する能力を提供することができる。マオリに有意義な司法を提供し、国家とその制度への尊敬を再建するという両方のシステムの強さを利用する必要がある。

過去

ヨーロッパ人と接触する前のマオリは、個人の保護を保証した習慣と手続の洗練されたシステムと安定した社会生活と清廉なグループを有した。初期のヨーロッパの解説者たちが、マオリの規律正しさと治安の良さを認めた。これは、アザラシ猟の猟師たちや捕鯨船員や仲買人たちとしてニュージーランドに来た人たちの多くの無法さとは対照的であった。これらの人々は、総督のコントロールの下になく、また、マオリの法律も習慣をも尊敬しなかった。

無法状態が、どのように扱われるかにかんする合意を確保することが、マオリがワイタンギ条約に署名する一つの促進剤であった。イギリス人は、その国に女王の法律を持ち込んで制度を作ることに同意したと同時に、マオリに、彼ら自身の問題を処理し続けることを認めることに同意した。これが、本当に、ワイタンギ条約の後に続く長年のパターンであった。この時代の政府記録の情報は、パケハによって犯された犯罪と比較して、マオリの比較的遵法的な行動と、彼らに対して告発された犯罪の相対的な軽さに言及した。[1]

マオリのシステムの中の統治のシステムは、ティカンガ（慣例の実践で明示された公正や公平）を基礎にしていた。人々の間の関係が、ティカンガの中心にあった。条約原案は、それによって、これらの関係が確立され、維持される筋道であった。これは、カランガ（マラエに呼ぶ）とミヒ（挨拶）とホンギ（鼻と鼻をこすり合うこと）とカイタヒ（一緒に食事する）とモエタヒ（一緒に寝る）ではっきりと示されており、それらはどの集会でも重要な特徴であり、今日でも重要性を維持している。

親族関係の定義にとって重要であったのが、ワカパパ（家系）であって、それは現在の親族関係の歴史的基礎が確立されたものであった。社会生活の現実は、ワナウ（家族）とハプ（部族）内で最後まで演じられた：コミュニティの個々のメンバーの後ろ盾となる直接の家族と、より広い氏族であった。正義が測定される尺度は、ワナウ（家族）とハプ（部族）の関心事であった—個人の関心事ではなかった。社会の健全性と安定性が維持されたのはワナウ（家族）とハプ（部族）を通じてであった—個人の行動を通じてではなかった。

本質的に、そのシステムは、今日では修復的司法と言及されているものに類似したものであった。[2] これには、多くの重要な要素があった。違反行為があった時には、コミュニティのプロセスが社会のグループ（ワナウンタンガ＝親族関係）の利害関係の考慮を可能にして、そして社会の構造の完全性を保証した。ワナウ（家族）やハプ（部族）の集会と、時には、イウイ（部族）の集会を通して、全ての当事者の声が聞かれることが出来た、また、決定は、一致（コタヒタンガ）によって到達された。その目的は、被害者の家族と犯罪者の家族のマナ（権威）を回復させ、そしてより広いコミュニティのために将来の社会秩序を復活させるための手段を確保することであった。これらの概念がグループとの関係で、重要性が与えられていたから、個々の犯罪者に対する懲罰は、正義（Justice）を達成するための基本的なメカニズムだとは見られなかった。どちらかと言うと、そのグループは個人の行動（マナアキタンガ）について責任があった、そして、それが感情を害された人のために賠償金を厳しく取り立てた。

その目的と、マオリのシステムの有効性にかんする主要な基準は、二重であった：第一は、その焦点は、個人にではなく、共同体にあって、社会のバランスと、そのグループの安全の回復：第二は、最も基本的なコミュニティのレベルでの政治的・司法的責任の場所、すなわちマラエ（集会所）。マオリの間では、権力と権威が、中央の君主・議会あるいは官僚制から降りて来たものではなく、底辺の人々から上がったものであった。

現在

現在のニュージーランドでは、過去のパターンが、逆転されてしまった。マオリは、犯罪と暴力の率で、不相応に高い数字が表われ、また、一般人口よりも高い率で、投獄され、自殺を行なう。[3] これは、一九五〇年代と一九六〇年代でのマオリの都市化以来、特にそうであった。もっと深いレベルで、多くのマオリ（また、多分、同様に多くのパケハ＝白人）が、その司法システムの原理を受け入れ、あるいは理解していないことには、ほとんど疑いがない。その司法システムは、彼らに、そのプロセスの所有者である、あるいは、それの中での彼らの声（自分で語る）の場所であるとの感覚を与えることに失敗した。

これには、多くの理由がある。第二次世界大戦からの都市化のパターンを通してのマオリの住民の混乱と、部族の自主性の喪失が、間違いなく重要な要因である。「網を引き裂く」ことに貢献した要因の分析が、故ジョン・ランギハウによって提供された。[4] コミュニティにかんする自主性の喪失、親族関係の団結の破壊、および分裂、あるいは強奪と共に消え去った社会組織を彼は力説する。マオリの共同体とマオリの法律の破壊の多くが、植民地化の遺物である。ニュージーランド戦争・土地の強奪・マオリの経済とパケハの経済の基礎をなす諸原理の間の対立・官僚制の遂行に固有の個性喪失、および西洋のスタイルの裁判システムと、法と行政の階層的なシステムが、マオリの生活を下から支える社会の構造に貢献したすべての要因である。さらに、他の国のように、植民地建設のプロセスが、マオリを、彼らは、失業していて、そして無教育である可能性が最も高く、また、自分自身の経済的資源を有せず、あるいは権限を有しないであろう、その国でもっとも貧困なグループに置くことに導いたのであった。

近年、例えば、マラエで裁判審理を開き、マラエで若者の犯罪者を扱うことによる、「マラエ司法」を通して性犯罪者を扱うことに関して、伝統的な実践の見地を復活することを目的とした数多くの実験があった。しかしながら、これらはマオリの見地の中心に届かない基本的に西洋のプロセスに対する比較的マイナーな変更である。司法システムにおけるマオリの関わり合いの一層公式の承認の例は、裁判官と一緒に座る素人の陪席判事の利用であり、また政府交渉と条約の要求の和解と資金の受領にかんする事柄の意思決定の意見の一致に参加する素人の査定人の使用である。先住民の実践の可能性は、同じく、若者司法システムで家族グループ会議をモデルにすることに、マオリの社会的構造物と手続が承認されたのだった。

修復的選択（オプション）

最近までの実験が、多くの建設的な特色を持っていたが、マオリのコミュニティに深く埋め込まれた修復的な過程を提供するには、一層基本的な変更が必要である。ここで提案されることは、責任が、被害者と犯罪者と家族を含めて、彼ら自身のメンバーに対する責任を課されるコミュニティに返されるべきであるということである。

それらが先住民の司法のモデルに結び付けられる修復的司法の原理の再肯定が、不利な立場のサイクルを中断し、そして一層積極的な選択肢と選択を提供するのに役立つことができた。マオリは、彼らがそれを尊敬するシステムに利害関係を持っていなくてはならない。もしも、その長所が利用されるべきであれば、彼らのコミュニティは、権威を与えられなくてはならない。修復的選択肢は、マオリのコミュニティの力を認め、そして彼らのメンバーの強化と確認に寄与するような方法で、彼らが、運営することができるようにするであろう。そのプロセスをコミュニティ内に置き、その責任をその人々に戻す、マオリによるプロセスへの参加は、法律をマオリのために一層有意義で、適切なものにしなければならない。

修復的司法は、マオリが過去の誤りを矯正する方法を求める時に、国家の裁決と植民地政策の遺産に対する回答であり得る。そのゴールは、現在の状況に伝統的な習慣と実践を適合させることによって、未来にいたることである。その回答を見つける責任が、犯罪者が属するコミュニティの責任である場合にのみ、問題が解決され得るのである。そして、解決の方法が、この基本的な責任を認める場合にのみ、その問題が解決され得るのである。フェリックス・キーシングが次のように語った時に、それをうまく表している。


文化的なプロセスの研究は、変化が自発的である場合にのみ、本当に効率的であることを示すように思われる。グループと個人は、法律や強制力によって、生活と考え方の慣習上の方法を修正するよう強制され得ない。逆に、彼らが変化を望む時には、押し留められ得ない。せいぜい、これらの任意の方法で行動を指図しようとする試みは、行為の要求された形式に明白な一致を引き起こすであろう──誰かが検討している場合には。[5]

伝統的な司法のプロセスは、認知すなわち「頭で考えること」から、感情すなわち「心で感じること」への論議の移行を作り出す。彼らは、犯罪の脈絡と、これらがそれによって影響を与えられた結果の脈絡に論議を確認する。彼らは、それぞれの関係者に、癒され、強くなることが出来る解決を見いだすようにと訴える。彼らは、社会の調和を修復するようにと求める。

伝統的な手続きは、判決では出来ない結果を達成することが出来る。それは、部外者ではなく、彼らの属するプロセスに、先住民の人々を引っ張り込む。それは、犯罪の文化的環境と、共同体環境を認める、犯罪者は、常に、彼／彼女自身の文化の規範と価値の内部で行動し、また、犯罪に対する反応（責任）は、それらの規範と価値の範囲内で等しく位置していなければならない。犯罪者は、裁判官や警官や陪審のメンバーの意見には気にかけないかもしれないが、彼／彼女は、彼らが生活しているコミュニティ内の仲間たち・家族と他の人たちの意見には気にかけるであろう。

同様に、現在の裁判所システムから除外され、あるいは軽視されているように感じる被害者は、一層非公式の設定では、自由に話をすることができる。修復的司法のプロセスは、彼らに、結果の決定に役割を演ずることができるようにする。そのプロセスは、それの中で、被害者の不満が矯正され、彼らの傷が癒され、そして彼らの未来の安全性が守られるという個人的関係とグループ関係を修復したり創造したりすることができる。

修復的司法は、正に、人間的なプロセスである。問題の原因を見つけ、また、実際的な方法で彼らを取り扱う方法について意見の一致に達するために論議を引き起こすという設定で、論争が、最も良く解決される。犯罪者とその他の人々に対する抑止力（とにかく疑わしい仮定）として、刑事制裁に頼るよりも、むしろ、修復的モデルは、個人に、彼ら自身の行動を処理するよう強制し、そしてコミュニティに、彼ら自身の決定を行う能力を与える。犯罪を犯すことについての持ち主であることの問題は次のように扱われる：その犯罪者は、彼らの犯罪を犯すことを自分のものにするよう要求され、被害者は結果に満足させられなければならず、また、そのメンバーの行為についての責任が、彼らの属するコミュニティに戻される。そのプロセスは、個人の責任・家族のメンバーの関わり合いとコミュニティの代表者による仲裁を強要する。

そのプロセスのコミュニティの本質が、重大な犯罪が犯される前に、早期に介入することを可能にする、たとえば、バンダリズム（破壊行為）と乱暴。

過去を、現在に適合させること

ヨーロッパ系の来る前のマオリの実践は、マオリが今日生きている社会とは非常に異なった社会の必要性に合わせられていた。社会の構造は異なっていて、法律それ自身の性質も異なっており、さらに、その制裁もまた非常に異なっていた。若干の解説者が、これが過去を無意味なものにしたと示唆した。それどころか、マオリのための今日の司法に過去の原理を適用する機会は、マオリに将来の彼らの場所を確実にする機会を提供する。

過去には、ワナウ（家族）が違反について責任があって、そしてその解決に関して責任があると考えられた。今日、ワナウがそのメンバーのマネージメント（行うこと）について責任や権限を持つということについては最早論じられ得ない。それでもなお、そのような見解は、まだマオリには、人々の間の関係が中心であることを見落としている。これが表現される方法が変化したとは言え、ワナウは、その多くの近代的な形式の一つで、まだ、マオリにとっては中心である。[6] マオリの間の社会的契約の基本的な要素は不変のままでいる。[7] これらには左記を含む：

- ワナウタンガ、人々の間の血族関係、
- マナアキタンガ、相互の／一方的な介護を提供する義務、
- ランガティラタンガ、グループの権威の維持管理、
- コタヒタンガ、意見一致を通して団結を達成することについての理想、
- ワイルアタンガ、すべての行動と、関係の中心での精神性。

これらは、都市の機関から、土地信託と法人にまでおよんでいる多くの現代のマオリの共同の組織で例示されている。

過去には、その決定を行うのは、犯罪者が属したワナウやハプ（氏族）のコミュニティであった。今日、マオリの犯罪者は、多くの異なったコミュニティに住んでおり、また、被害者もそうである。従って、そのプロセスは、犯罪者と被害者が現在生活しているコミュニティになければならない。多くの近代的な都市の状態で、適切なコミュニティを識別することは非常に難しいと言える。コミュニティの中にいる者に、彼らにこれらの決定の責任を負わせることは重要である。犯罪者と被害者が同じコミュニティに属さない場合には、一つ以上のコミュニティが、解決のプロセスの中で受け入れられなければならないかもしれない。

歴史的に、マオリの法律が、ウツ（代償＝悪を解決するために）・ラフイ（禁止＝保護と保存のために）と、ムル（許し＝強奪すること、物理的な力を使うこと、あるいは恥をかかせることによって正す）のような、社会的秩序の違反に対する数多くの慣習的な反応を含んでいた。同様に、違反として認識されたものも変化した。現時点で、解決に達するプロセスは、今日のマオリのコミュニティから来たものでなければならない。何が違反と見られるべきかについては、今世紀中に合意に達せられなければならない。

現在への過去の適応の一つの重要な例が、若者司法システムにある。ワナウのミーティング（家族会議）のモデルは、すでに、若者司法システムへの修復的な過程を取り入れるためのメカニズムを開発するために使われた。典型的に、マオリの家族会議で、出席すべきである人たちには、問題に関係していて、被害者や犯罪者あるいは犯罪のいずれかに関して利害関係のある全ての人を含む。その規則と手続きは、関係者に合わせて、柔軟である傾向がある。

若干の家族は、一層正式の、伝統に基礎を置いたプロトコル（儀式）の方を好むであろうし、他方、他の人たちは、彼らの現代の状態に彼ら自身を適合させ、そして談話の言語は英語であるであろう。挨拶文句と、すべての見地から、そこに起きたことについて論議された後に、解決策が討論されて、意見一致によって結論に到達されるであろう。特に、もしも、事件についての事実が討議され、そしてもしも、別の当事者が、その結果について異なった見方であれば、そのプロセスは常に簡単であるというわけではない。

若者司法家族グループ会議は、非常に類似のプロセスを採用した。結果は、時々、文化的な価値とコミュニティ内で、また、犯罪者と家族と被害者と警察の見地からも有効な解決であった。他の場合には、そのプロセスは完全性に欠如があり、そしてその事件に最も深く関係した関係者が意思決定をすることに失敗した。成功のための決定的な特徴は、参加するべきである人と、永続的な解決に重要となるであろう人々の間違いのない確認である。[8]

先住民のモデルでの共通の論題

修復的司法の原則に基づいた類似の先住民のプロセスが、カナダ、合衆国、オーストラリアと南アフリカで確認された。[9] これらすべての国の伝統的なプロセスは：

- ミーティングの過程と内容の両方を通してコミュニティの再確認を強調する、
- プロセスを指導するコミュニティのリーダーの利用を通して、コミュニティ組織の権威を支持する、

● 参加されるべき全ての人の参加と合意を確保する、
● 違反を癒し、調和の修復を確保し、そしてコミュニティの将来の安全性を保証することの全ての責任を認めるという結果を計画する。

第一に、最も重要な要素は、マオリのコミュニティに、彼ら自身の問題を処理する彼らの権利を返すことである。二番目の要素は、コミュニティの価値とプロトコル（儀礼）に従って、彼らのメンバーの間の関係を調整することができるようにすることである。第三は、コミュニティの中で危険な状態である個人に返答することであり、そしてそれは犯罪者を再統合すること、被害者を保護し、そして誤りを正すことを暗示する。被害者が別のコミュニティの出身である時には、コミュニティの内部と、彼らの間の両方の社会的バランスを復活するという解決を確実にするために二つのグループとの間で交渉する必要があるだろう。懲罰と、抑止は、この修復の理想像には、中心の場所を有しない。

ニュージーランドでの修復的司法の将来の成功した理想像が、この国の慣習の中から引き出されなくてはならない。これは、それが正当性と信頼性を持つために、また、他の国でなされたミスを避けるために必要である。コミュニティの修復なしで、犯罪者のために永続的な修復があり得ないことを認識することが不可欠である。そのコミュニティは、犯罪者が責任があるようにされることができる脈絡であり、そのコミュニティは、被害者が認識されて、平衡を取り戻すことができる脈絡でもある。さらに、もしも、彼／彼女が、健全ではない、そのような犯罪者を扱うことにかんするメカニズムを開発してはいないコミュニティに押し戻されるならば、犯罪者の再統合は達成されることができない。

将来

世界的な教訓は、先住民のための効果的な司法が下記の事柄に依存することを示す：

- 伝統的な諸制度、
- 伝統的な価値と手続きの利用、
- コミュニティの背景、
- それがいまだに話されている伝統的な言語、
- 精神的や宗教的あるいは道徳的価値の確認、
- 感情を含めて、そのプロセスで、全ての人間の能力を利用すること。

西洋の裁定と伝統的な司法は、二つのシンボルの使用によって説明されることができる：三角形と円。三角形は、力のピラミッドとして、西洋の法律の階層的な性質を表す。円は、諸関係における同一性を示し、そして円の中の論議が、意見一致による決定を求める敬意を促進することを暗示する。

修復的司法の方法は、処罰するぞと脅されたり、あるいは実際に罰せられる代わりに、個人的な献身を用いるが故に、効果的である。家族の中で暴力を経験している多くのマオリの女性たちが、法廷を通じて到達された解決策と、彼らが住んでいるコミュニティの保護を受けるという解決の間の選択肢を与えられると、もしも、それが真の選択であったなら、彼らは、コミュニティの救済策を選ぶであろう。処罰するぞとの脅しは、効果的な抑止力ではない。他方、彼らが問題の存在について認識し、そして、直接それを扱うよう奨励される時には、家族と共同体が権限を与えられる。

最近ニュージーランドの中で生じた困難は、コミュニティの解決が、裁判所によって認められないことである。これは、基本的に修復的な過程を侵食する。コミュニティの決定の正当性と適切さの承認は、それらの有効性に、欠くことのできないものである。

その中とそれ自体で、修復的な過程が、時々、コミュニティの安全性と完全性に関して適切に提供するには不十分であるであろう。他のリソースと選択肢が、防止と保護の両方のためにもまた重要である。もしも、子どもたちの健康が増進されるべきであり、また、もしも、家族が強化されるべきであり、さらに、彼らの子どもたちを監護する役割に援助がなされるべきであれば、早い干渉が不可欠である。救済的なサービスが、罪を犯すことの発達と結び付けられた問題と困難性を扱うために必要である。過去に犯罪を犯した人々が、監視される必要があるかもしれない、また、特に家族の中に暴力があった場合には、保護のシステムが、可能性がある被害者の安全性を保証するために考案される必要があるであろう。

これらのすべての用心にもかかわらず、犯罪者を短期間、再社会化のプログラムに入れ、あるいは、より長い期間、犯罪者をコミュニティから取り去る必要がある場合が必ずあるだろう。このような状況下では、適法手続きの保護を許すことにおいての裁判所のシステムの利点が、修復的な過程に対する重要なバックアップとなるであろう。

次のような質問をすることができる―どのように、その変換が達成されるべきであるか？　この質問は、特に、コミュニティの組織が消失してしまったように見える時に起こる。その答えは、マオリの間の関係を支配している基本的な原理が、まだ人々の生活の生きている部分であるとの事実の中にある。それの上に新しい構造物が建てられる基礎を提供することができるのは、これらの原理である。

結論と勧告

結論として、このペーパーは、マオリの責任の問題の根本的な重要性を強調しようと試みた。大抵の場合、これは、修復的な過程の開発を通して最も良く達成されていると思われる。もしも、司法の統合された、二文化並存のアプローチが開発されるならば、マオリのコミュニティは、彼ら自身に対する責任を与えられなくてはならない。力強く提唱された一つの代案が、二一世紀に、マオリのために別の小道を提供するはずである。[10] 少なくとも、マオリとパケハによって、マオリのモデルが発展され、議論され、考えられ続けることが不可欠である。ニュージーランドにおける司法システムの未来の計画を具体化することにおいて、マオリの価値と見方は主要な影響を与えるに違いない。

それ故に、修復的な手続に基づいた新しいシステムの不可欠の要素が左記のごときであるべきことが推奨される：

- 判決決定にかんするコントロールを与えることによって、マオリに、司法システムにおける杭（火あぶりの杭）を与える、
- マオリの属する、彼らが犯罪を犯したことを処理されるべきコミュニティを適切に確認する、
- そのプロセスに責任を負うべき者を確認することをマオリに許す、
- 裁判のプロセスに対する合法な代替物としてコミュニティのプロセスの有効性を公式に認める、

- 修復的司法のプロセスを設立し、これらのプロセスを通じて合意した結果を提供するために、コミュニティに資金を出す、
- 犯罪を犯すことが起こる前に、家族や子どもたちの必要とするものをコミュニティの内部で提供する資源を開発する、
- 犯罪を犯すことの機会を減らし、危険な状態にある者をモニター（監視）し、コミュニティの援助を開発するであろうコミュニティ内部の安全ネットを準備する、
- 市民の安全を護ることが出来るような唯一の方法が、裁判のプロセスを通じてコミュニティからの犯罪者の部分的な、一時的な、あるいは永久的な撤退を提供するために支援システムが用いられることが出来る時にかんする規則を開発する。

これらの目標の開発は、実務的には、問題であると考えられるかもしれない。しかしながら、もしも、その原理が明確に語られ、そして資源が、利用可能になれば、適切なプロセスのためのオプションが、相談と一連のパイロットプロジェクトを通して開発されることができる。さらに、マオリには、それらの中心に、コミュニティの修復を持っている、プログラムの結果を監視し、また、中心的な特徴を確認する時間をとるであろう。もう一つの実行への障壁として、伝統的な実務を基礎にした革新的で、修復的なシステムが必然的に機能しなくなることを示唆するような、若者司法システムの不完全な成功に関して、すでに引用されたような事柄が、議論されなければならないかもしれない。実際、主要な問題は、適切にシステムを運用すること、およびその理想像に忠実であることが実行されなかったことであった。

彼ら自身のメンバーに対して責任をとる権利をマオリに返すことが急務であり、必要である。マオリのコミュニティが強化され、反社会的な行動を減らし、そして不正を正すために、上述した諸要素を基礎にしたシステムが、これを前方に進める方法である。

（ウェリントンの法廷弁護士のドナ・デューリー・ホールが、ニュージーランド・マオリ評議会がこのペーパーを準備するのを手伝った）

註

1 J. Pratt, Punishment in a Perfect Society: The New Zealand Penal System 1849~1939, Victoria University Press, 1992.

2 けれども、ときどき、違反に対する反応はよりずっと直接で、そして懲罰的であった。犯罪を犯したワナウやハプのメンバーを貧乏にすること、土地の譲渡、隔離と奴隷化さえ含めての重大な結果は、未知のものではなかった。時々、これらの懲罰的な行動は、そのグループによっては不法（誤用）であると考えられたが、しかし、時々、それらは、コミュニティの保護を達成する方法でもあった。

3 P. Spier, Conviction and Sentencing of Offenders in NZ: 1985 to 1994, Department of Justice. 'Reducing Suicide by Maori Prison Inmates,' report of the Maori Suicide Review Group, Department for Corrections and Te Puni Kokiri, 1996.

4 Ministerial Advisory Committee on a Maori Perspective for the Department of Social Welfare, 'Puao-Te-Ata-Tu (Daybreak)', Appendix, Department of Social Welfare, 1986.

5 S.F Kresing, 'Applied Anthropology in Colonial Administration'. in R. Linton (ed.), The Science of Man and the World Crisis, 1945, p.p. 343--94.

6 J. Metge, New Ways for Old, Victoria Universuty Press, 1995.

7 E. T. Durie, 'Custom Law', unpublished manuscript. 1994. J.F. Ritchie. Becoming Bicultural, Huia Publishers: Daphne Brasell Associates Press, 1992.

8 A full account of the effectiveness of family group conferences as of a Maori justice process is given in T. Olsen, C.M. Maxwell and A. Moris 'Maori and Youth Justice in New Zealand', in K. Hazelhurst(ed), Popular Justice and Community Regeneration: Pathways of Indigenenous Reform, Preager, 1995, pp.45~66.

9 James Zion and Robert Yazzie, in Contemporary Aboriginal Justice Models-Completing the Circle, proceedings of the Canadian Bar Association Conference, 1996. Royal Commission on Aboriginal Peoples, Bridging the Cultural Divide, report on the aboriginal people and criminal justice in Canada., 1995. C.M. Maxwell, Some Traditional Models of Restorative Justice from Canada, South Africa and Gaza: Rethinking Criminal Justice, Vol. 1, Justice in the Community. Legal Research Foundation, 1995. C. La Prairie, 'Altering Course:New Directions in Criminal Justice, Sentencing Circles and Family Group Conferences',Australian and New Zealand Journal of Criminology, special supplement issue, 1995. Berma Bushes, 'The Hollow Water Experience', in Contemporary Aboriginal Justice Models - Completing the Circle, proceedings of the Canadian Bar Association conference, Law Book Co., 1991. H. McRae, C Nettheim and L. Beacroft, Aboriginal Legal Issues: Commentary and Materials, Law Book Co., 1991.

10 M. Jackson, The Maori in the Criminal Justice System: He Whapaanga Hua - A New Perspective, Department of Justice, 1988.

第三章　司法の二本の柱＝道徳と法律

ジム・コンセディーン

土曜日の午後早くに電話がかかって来た。それはジョアンであった。彼女の電話は、五年以上前に、彼女の母親とその友人を殺した男を許して、和解させて貰ったことに、今でも喜んでいると話すものであった。それは彼女にとって、成人してから彼女がやったことの中で、最も重要なことであったと、彼女は語った。彼女は肩の荷を下ろし自由の身になったと感じたのだった。

私は、彼女の幸運と神の加護を祈った。

彼女の電話は、私に新しい勇気を与えた。破廉恥な犯罪の感情的な描写と極悪な出演者の筋書きを、新しい考えと創造的なオプションに代えることは決して容易ではない。その事柄の真実は、社会の懲罰的な態度のために、犯罪と刑罰の問題が良くなるのではなく、より悪くなっているということである。なんらかの創造的な考えが是非とも必要である。修復的司法だけが、それを含んでいる。ジョアンに聞きなさい。

刑罰：問題の核心

どんな哲学と価値が、我々の刑事司法システムを実際に支えているのか？　刑事法廷に座っている偶然の傍聴人にとって、刑罰を言い渡すことが、断然、我々の現在の懲罰的システムの最も中心の要素である。裁判官が、折にふれて、判決に創造力を働かせて、他の解決策を提案しないと言うのではない。しかし、疑いなく、刑事司法の中心要素として、刑罰を裁定する。それでもなお、犯罪者の行動に積極的な変化があるだろうと、意図した主要な結果に関して、それが完全な失敗で、また、司法の運営にはより良い方法があるということを大抵の統計数値が、我々に教えている。ニュージーランドの若者司法と、他の国々の被害者／犯罪者和解プロセスが、確実にもっと良い結果を提供する二つの実例である。言い換えれば、それらは、公正さの程度でもっと素晴らしいものを提供する。

刑事司法制度は、主として復讐の哲学をもとに作り上げられたものであり、刑罰は、被害者にも、犯罪者にも公正さを作り出すものではない。我々は、これらの事柄についての若干の基本的な疑問を呈する必要がある。釈放後の二年間に、六〇～八〇パーセントが累犯を犯すという、現在の懲罰的なシステムの信じられないほどの失敗率が示しているのに、刑罰を刑事司法構造の主要な焦点のままに置き続けるべきだろうか？　我々は、不公平にマイノリティーを攻撃し、捕えられた人たちから人間性を奪い、そして、もっと多くの犯罪を保証するだけという自滅的なシステムに何百万ドルも、何故、無駄に使っているのか？　刑事司法システムの裁判所と刑務所という二つの主要な構成要素が、病気が一杯つまっている病院のように、それが意図したものとは反対の結果をしばしば作り出すという制度にしているのか？　我々の裁判所のプロセスが、常に、利用可能な最善の選択肢であるだろうか？

私は、感情に動かされずに犯罪事実を提示することから離れて、その主要な目的として、公正さや、正義を求める代わりに、むしろ真実に関わりなく、有罪にするか、あるいは無罪とするという事を求める対審構造の裁判所システムには限界があると示唆する。検察側と被告側の両方によって、広く乱用されている。有罪の答弁をしない人々のために、バックアップシステムとして、私は、裁判所のシステムの有用性を認めることができ、実際に必要であろう。しかし、それは、コミュニティが犯罪を処理することについてのただの一つの形式に過ぎないのである。

刑罰は、西欧世界では、妄想になったのだ。最近、ある晩テレビを見ていて、最も最近の犯罪のコントロール新案である、電気の「気絶ベルト（スタンベルト）」の使用を描写している場面を見て驚いた。海外の刑務所の特定の囚人に、ベルトを付けさせるという新しい装置である。懲罰が必要となった時に、刑務所職員によって作動させられ、五万ボルトの衝撃がその着用者をぶちのめすのである。このショックは、その間に被害者が床の上にコントロール出来ない程に叩きつけられるというテンカン患者のような発作を作り出して、八秒間続けられる。その製造業者は、誇らしげに永久的な損傷がないと主張していた。

この最も最近の技術的な逆行は、本当に、ただ、貧しい人々の大量の投獄という、この時代の非常に大きい社会の罪の一つとなったものの徴候に過ぎない。あなた方が、どんな国を考えていようと問題なく、増えつづけている率で、同様の人々が刑務所に入れられているのである。彼らは、貧しい人たち、無用の者とされた、「有色」の人々、土地を奪われ、薬中毒になった先住の少数民族と、失業者たちである。ほとんどの裕福な人々や、より良い教育を受けた人々は、今まで、この処遇に目を向けることがなかった。

このすべてに、暗くて、不吉な側面がある。それが、ニュージーランドだけではなく、我々と同じような大抵の国々での刑務所帝国の拡大に関係する。人々をますます長く刑務所に閉じ込めることが、世界に押し寄せている社会の病気である。合衆国、英国、オーストラリアとニュージーランドで、二〇年間に、囚人数が三倍になった、また、それを和らげようという兆しはほとんど示されない。内務大臣のマイケル・ハワードが、投獄は政治的に有意義であると考えたと言う理由だけで、この保守政権の五年間に、英国の刑務所に集められた者の数に、四〇パーセントの増加があった。実際には、ニュージーランドの一部を含めて、多くの地域で、犯罪率が落ちたのにだった。要するに、政治的な決定と、経済的権力が、常識とコミュニティの幸福に勝ったように思われる。しかし、コミュニティは、それを正しいものとはしないのである。

矯正複合産業は、基本的に、それ自身の生命を持っている。矯正は、産業になり、非常に有利なものになった。そのイトコである軍産複合体のように、その有害な精神が全てに行き渡っており、非常に多くの「犯罪」と、長期刑判決が、その財政的活力を維持するために必要としている。私が、二〇年前に刑務所の教誨師を始めた時には、ニュージーランドの刑務所には、およそ二〇〇〇人の受刑者が入っていた。今年は、常に、五五〇〇人以上が入れられている。今後、一〇年以内には、八〇〇〇人が入っているであろう。大部分が、累犯者たちである。すなわち、最初に刑務所に入ることは、二度・三度入ることになり、積極的な変化を引き起こすことはなかった。一九九九年に、ニュージーランドは、その刑事司法制度を維持するために、七億二一〇〇万ドルを使うであろう。刑事司法システムの底無し沼以上に、それほど綿密に調べられず、また、実りなく、我々の税金を浪費する所は、他のどこにもにない。

成人となった人々を、何カ月間も、あるいは何年間さえも、一日最高二三時間も、六m×四mの独房に閉じ込めておくという投獄の概念について、思慮深い人にとっては、これ程に忌まわしい物はないに違いない。性格のねじれた人たちだけが、そのような手順を受け入れることが出来るだろう。あるいは、既得権である。悲しいことには、そのシステムがどれぐらい破壊的でも、現状を維持することに対しての既得権の利害関係を持っている多くのグループがコミュニティに存在するのである。刑罰システムは、本当に、それ自身の非人間性の故に、それ自身の暴力と不公正によって非難され続けている。

刑務所は、近代の恐竜である。人間の生命と発達の他のどのような分野でも、我々は、一九世紀の哲学と、実践が支配することを許す分野はない。保健衛生で、教育で、会計業や銀行業で、スポーツで、家族生活で、さらに商業経営で、進化している哲学が、一層近代的な考えと調和した社会的組織のパターンを変更し続けていることを観察して来たのだった。しかし、刑務所では、そうではなかったのだった。刑務所は、一九世紀に時計を止めたままなのであった。そして、結果はそれを示している。

何故、それほど歪められたのか？

何故、この状態が継続するかについては、いくつかの理由があるが、私は、最も重要な二つのものに焦点を合わせたい。第一は、人々を罰することに、我々は、我々自身の人間性の恐ろしい側面を満足させようと試みているということである。第二は、既得権が、この非常に不成功なシステムを維持しているということである。

最近、私は、ストリート・キッドに財布を奪われた。私が、くるりと向きを変えて、何が起きたかを悟った時、私は激怒した。もしも、私が彼をとっ捕まえることが出来たら、私は恐らく近くにあった街灯に、紐でくくり付けたであろう。一杯のコーヒーを飲んだ一時間後には、私は相当落ち着き、彼は、恐らく、私が必要としている以上に、私の金を必要としていたという考え方を含めて、いろいろな考え方をする用意ができていた。私は、まだ彼を見つけ出したいと思っていた。私の最初の怒りは本当で、それは、凄まじいものだった。

怒り、憤慨、恐れ、恨みでさえ、正に、犯罪に対する、正常な反応である。我々の人間性の暗い側面は、復讐と、殴り返すチャンスを必要としている。我々は、同じことが再び起きるかもしれないことを心配し続ける。私は、私が最初に夜間に盗みに入られた時のことを覚えている、私は、その後、何週間も、私の部屋に誰かが入って来るのではないかと心配して、目を覚ましていたものだった。安らかな眠りが戻るのに、数カ月を要した。私の性格の恐ろしい側面が、頭をもたげていたのだった。それが、「より長期刑の判決」と「奴を吊るせ」の大合唱に訴える側面である。それは、我々、全てが持っている側面である。それは、同じく、我々がチェックし続ける必要のある側面でもある。妨げられることなく、それは不当な恐怖、嫌疑、パラノイアさえを作り出すことができる。

既得権の話になると、刑務所の現状の維持に利害関係を有する多くのグループがある。特定の順序を付けずに、私は、このような九つのグループを指名したい。私は、明確に、そして断固として、それぞれのグループの中には、それに反対の意見を持ち、彼らのアプローチに率直で、確かな少数派があると言っておきたい。

刑務所職員、**警察官**、**裁判官と刑事専門弁護士**の大多数は、その代替物について学ぼうとはしない。これらのグループの文化は、しばしば、彼らが行うよう雇用される、正にその仕事の結果に関して、純粋な分析と議論を大いに妨げようとしているように思われる。私が言うように、有難いことには例外がある。

メディアが、既得権を持っている。それと反対の何百万というレトリックの言葉にもかかわらず、メディア一般と特定のタブロイド紙メディアは、しばしば、他のニュースとは不釣り合いに犯罪・法廷の事件と犯行を報道するというやり方で、すべての古いステレオタイプを生き永らえさせている。第一面に犯罪物語がないタブロイド紙がどこに、あるだろうか？　あるいは、ニュースショーが？　あるいは、テレビが？　ある晩のテレビニュースで、最初の一〇の物語の九つもが、ニュージーランドと海外の犯罪に関連したものだった。

建設業とその関連産業は、膨張する刑務所ネットワークに既得権を持っており、そして、共犯者として、高い犯罪率が継続するのを喜んでいる。貧しい人々を刑務所という倉庫に入れることでは、合衆国と英国が先導している。多くの工業国で、今や、世界的な拡大傾向である。新しい刑務所を建設し、古い刑務所を拡大し、収容能力を供給することによって、巨大な利益が生まれるという状態で、企業の文化は、犯罪が、人類の苦難から利益を引き出すという提起された議論の挑戦を打ち負かしている。民営の刑務所が、最も大きな利益を得る一方で、国のコントロールする刑務所は、保証された支払いと、定期的な収入を提供し、企業の収益予定表に高い地位を占めている。

法律・犯罪学と社会学の分野の研究者たちも、既得権を持っている。あまりにも多くが、時代遅れの理論を教えて象牙の塔を占拠し、犯罪によって起こされた社会の問題に対する創造的な回答を発展させる機会を学生に与えることを拒否している。

それは、妙に思われるかもしれないが、犯罪に創造的なオプションを、そして刑務所が研究され、試され、そして批評されることを求めないことで、多くの政治家も同じく既得権を持っている。一般的に、彼らは、選択肢を支持するのは甘やかしであると認識されると信じている。現実は、正に、正反対である。ほとんどの代替的プログラムは、それらが、犯罪者が行ったことに対して責任をとらなければならないという状態で、責任を要求するという点で、一層、厳しいのである。しかし、ほとんどの政治家たちは、それらを促進し、資金を提供したりしようとはしないのである。

とうとう、何世代にも渡って増強された強い男っぽい刑務所文化を、刑務所と刑務所政策の検討を行なっている新しい組織のエリートたちが変えようと試み始めた。ある程度の範囲と規模で取り組む一方で、彼らは、計測された成功の文化をも持ち込んだ。そしてそれは、企業の言葉では、しばしば、賃金カットとプログラム削除と刑務所の拡大を意味するものであった。刑務所数は、次の一〇年間にわたって屋根を吹き飛ばすほどの勢いで増加する傾向にある。このすべては、それほど企業の強硬な販売法の特性を示した、つやつやしたＰＲ誌によって行われている。刑務所が、現在、大衆に仕事の創造と利用可能な新しい経済の出費のために、持つべき望ましい産業としてローカルのコミュニティに提示されている。刑務所が何であるか、あるいは、誰が何故、閉じ込められるかについては、注意が、ほとんど払われてはいない。これは、投獄にかんする大衆の認識を、恥辱と失敗の標識であることから、刑務所を、スポーツフィールドや医療センターのように、ローカルなコミュニティの望ましい獲物にするための巧妙な試みである。

道徳の問題

世紀の終わりと、新しい世紀の初まりは、我々の刑事司法の基礎になる、それを支持する道徳と、法律との関係を再考し、そして明確にする理想的な時でもある。過去八〇〇年間、もしそうでなければそれより長く、西洋の文明が、我々の生きる方法を指導した、その基礎をなしているキリスト教の道徳的な原則の上に築かれて来た。それらの最も単純な形式で、それらは、古代のヘブライの経典の十戒と、我々が、神と我々の隣人を愛するはずであったというキリスト教の中心の命令によって要約された。これらは、生活の特定のエリアへのそれらの適用の中でさらに発展させられた。例えば、正しい戦争の概念は、厳密な基準が、戦争が起こり得る前に満たされなければならなかったところに発展させられた。自分の財産を所有する、身体の攻撃から守られる、自分の職業を選択する、どこに住むかが自由であることという個人の権利は、正義に基づいて市民社会を維持するために発展させられた原則であった。後の世紀で、民主主義と人権の発展は、人々が自由で、平和に、共に生活するのを助けるために発展させられた原則の二つの例であった。これらの原則は、道徳の基礎を形成し、そしてそれは人々が、彼らの周りにお互いと、世界との関係をもつための正しく、公正な方法であると定義されるだろう。

これらのような原則は、それらの全ての中で最も重要な道徳的な原則に含まれた―公益の発展と増進と保護。これは、ヨーロッパが膨張していた、そして世界秩序に属する概念が形成され始めた一三世紀に、特に詳細に説明された教義であった。それ以来ずっと、社会の構造を維持するのに役立った原則である。それは、各人が社会的存在であり、そして他の人たちとの関係で彼／彼女の可能性に達するという概念に基づいている。集団的に、彼らは、社会を組織する。有名な哲学者と神学者のトーマス・アクィナスは、「公益がコミュニティのそれぞれの個別のメンバーの目的であって、正に、全体の利益こそが、それぞれの部分の目的であること」を教えた。今日の表現では、国家のスポーツチームが、公益のための願望の究極の例を提供する。見境がない個人主義が、チームに損害を与えることを許さない。すべてに役立つであろう共通の目標のために、全員が一緒に努力する。プレーヤーの主要な責任は、チームの共通の利益である。

どのように、公益は定義されるか？　それは人間の威厳に対する基本的な尊重の脈絡の中で定義される。これは、確かに、本当に人間の道徳の最も基本的な命題である。これをその基本的な命題として、公益は、そこで、人類の個人とグループが、繁栄し、そして完全に本物の人間の生活を送ることができるようにする社会条件のネットワーク全体と定義することができる。それぞれの存在から離れて、主に、彼／彼女自身のために、全ては、全てに対して責任がある。[1]

イングランドとウェールズのカトリックの司教から、最近広く称賛された牧師の手紙で、その概念は、我々の近代的な世界の特定の必要性を満たすために拡大された。彼らは、その実現に欠くことができない四つの原則の存在なしに、公益は、今日存在することができないと言った。それらは、補助の原理、団結の原理、人権を与えること、および、貧しい人々にその選択肢を提供することである。[2]

私は、公益の原則の承認と受け入れが、今日の最も緊急の課題であると論じたい。大多数の人々は、我々の社会が、その社会構造に重大なひび割れを持っていることを承認する。個人主義の哲学が見境がなくなるという状態で、我々は何百万という破片の中にばらばらになる危険がある。金持ちと貧しい人たち、持てる者と持たざる者、権力を持っている者と権力を持たない者の間のギャップが、いつでも広がっている。持たざる者が、彼らに拒否された彼らの分け前をとるように、結果は、全てのレベルにおいて暴力を増加させることができるだけである。大多数の人が、この崩壊に直面して行動をすることに無力を感じる。コミュニティの道徳の中心に、公益の原則を見境のない個人主義と置き換えることが、素晴らしい出発点となるだろう。

結合すること：正義・道徳と法律

この出発点として、そこで、何が正義と法律の間の関係であるべきであるか？　それが、そこから我々が行動をするべきである基礎であるときから、何が正義であるか速やかに検討することが、適当である。本質的に、正義は、すべての生きている人の尊厳を守り、そして増進する活発で、生命を与える美徳であって、それは、個人と人々との間の関係の守護者である限りにおいて、公益に関係している。それが負担と利益の均等な取り分を促進するという点で、正義は、道義上と同時に、法律上の概念である。それは全体を作り、分割ではなく、仲直りに導くのである。その最も深いレベルにおいて、愛に根付かせられ、また慈悲によって和らげられる。[3]

正義から法律が流れ出る、そして、それは同じく道義上と、法律上の二つの面を持っている。法律は道徳を基盤として作られ、決して中立ではなく、そして、常に、価値のシステムを反映している。人々に対する公正さ・真実・正直・同情と敬意は、正義から流れ出し、公益を守って、そして拡張しようと努める受容できる道徳の基本的な教義である。

法律と正義は、同意語の用語ではない。法律は、神聖で犯すことの出来ないものではなく、そして孤立したものでもない。神聖で犯すことの出来ないものが、正義である。非宗教的社会では、法と正義にとっては、公益の原則に基礎を置いた正義を満たすべきである。他には、方法がない。法律は、公益、あるいは一部の利益が達成されるメカニズムである。法律が一部の利益を有する強力なグループによって作られるならば、不正義が発生する。これは不正な法律の基礎である。前の世紀のニュージーランドのマオリにかんする立法の多くが、一部の利益によって定められた、まさに、アパルトヘイトの法律が南アフリカであったようにである。正しい法律と、正しい政府が、公益を定義し、防御し、そして守るべきである。これは、正に、正真正銘の民主主義国家での議会がそうあるべきものである。

正義と法律の間のこの関係は、法律を実践する人たち、特に裁判官に、特別な挑戦を提供する。司法上の決定者として、公正で、きちんとした社会を作り上げることとの関係で、彼らがどんな責任を持っているか？　実践することにおいて、法律と同様、正義であるのか？　確かに、それは主要な一つである。裁判官は、「法律に従って正義を行うこと」を誓っている。この誓約の持続力は、裁判官の心に、正義がどれほどよく根付いているかの程度と、比例するであろう。裁判官の役割は、単なる盲目的な法律の「施行」を許さない。このアプローチをとったアパルトヘイトとナチの裁判官たちは、信じがたい程の不正の道具となった。また、前の世紀に、特にマオリを差別した二〇以上の制定法をニュージーランドの裁判官たちが、あまりにも、盲目的に適用していた。これらは、土地没収と同化政策の促進と裁判なしの投獄にさえも関連していた。ワイタンギ裁判所は存在するけれども、正義に優先されている法律の効果を元に戻すに過ぎなかった。

法規が、公益のための正義を、より多く侵害していればいるほど、それだけ、より大きい発明の才能が、司法の誓約に従うことに必要とされるかもしれない ― 法律に従って正義を行うことであって、単に、それを運営するだけではない。

正義の反射と、完全に開発された道徳は、尊敬、慈悲と容赦の考慮を含まなくてはならない。これらは、甘いと認識されることから離れているので、今日、ほとんどが論じることを望まない三つの美徳である。実は、それ等は、美徳の中で最も成熟していて、そして要求の高いものである。真の正義と公益は、これらの面を使うことなくしては、達成されることができない。

世界修復的司法運動の創始者でリーダーのハワード・ゼァーは、賢明にも、現在の刑事司法システムが、関係した全ての者に対する敬意の欠如を見せていると語った。我々は、我々の法律で、人々と財産に対する敬意を要求するが、それでもなお、法律違反者を扱う我々のシステムでは、ほとんどそれが示されない。刑務所で働いたことのある者ならば当然だが、刑務所を訪問したことのある者でさえ、私が何を言っているかを正確に認識するであろう。非人格化が、そのシステムの、正に、その機構に作り付けられている。唯一のそうではない物が、囚人の胸の上の番号札である。それは、全て、固有の人間の威厳への敬意の欠如を反映する。警察の活動と、裁判所と刑罰のシステムがほとんど敬意を払わないが故に、我々はこのような敬意の欠如が、より広いコミュニティで続いていることには驚くに値しない。健全な道徳は、全ての人の尊厳に対する尊重から始まる。

それほど、しばしば、我々はキャッチクライを聞く。「彼らは、慈悲を見せなかった、何故、私はそうするべきであるか？」答えは、もちろん、「あなたが人間であり、そして、これが人間の本質に関わることだからである」である。慈悲は、主流の伝統では、まれな機会にしか認識されることはないが、しかし、それは判決手続きの通常の部分ではない。しばしば、それが、被害者やコミュニティの区域の理解されそうな回答の故に、考慮されないけれども。

三つの中で、容赦は、実践することが最も困難である。それは極端に単純化した口先だけの「許して忘れる」呼びかけではない。それは人間の成長の困難だが、不可欠な特質であり、そして、それはしばしば、犯罪者よりもいっそう多くの利益を、許す人が求める。合衆国によって村に落とされたナパーム弾で多数が焼け出され、一九七二年の写真を通して、世界のメモリーに刻み込まれた、走りながら、泣き叫ぶ九歳の少女、キム・ファク。現在三六歳の彼女が、彼女を攻撃した人たちを許して、彼女の痛みを通して成長し、しばしば、ユニセフのために、「なぜ戦争か？」との疑問を発し、「決して、戦争を再びしないように」と求めて世界を旅行するリーダーになった。深い傷跡が体に残されたにもかかわらず、彼女の精神は癒され、完全に回復した — 彼女は赦したから。彼女は完全に人間的で、完全に生きている。なぜなら彼女は慈悲と赦しを学んだからである。

また、「南アフリカの真理と仲直り委員会（ＴＲＣ）」の会長として、残虐行為にかんする一〇〇〇以上の目撃証言を聞いたデズモンド・ツツ大司教は、「赦しは、あそこの実世界、凄まじい世界に、絶妙で、そして無関係な精神的なものだけではないと、私は、熱烈に信じるようになって来た」と語った。私は、「赦しがなければ、未来はない」と非常に熱烈に信じるようになった。[4]

健全な社会を建設しようと求める人たちは、敬意、慈悲と赦しが、正義と同等のものの一部でなければならないことを認識している。修復的司法のプロセスが、これとの関係で前進する方法を提供する。

修復的司法

より良い司法を求め、公益を高める重要な方法は、被害者／犯罪者仲直り、社会復帰センターのネットワークと修復的司法のプロセスの広範囲にわたる使用を含めて一層地域に密着した選択肢を採用することによって、達成が可能である。犯罪によって害された損害を慎重に修復しようとすることによって、また、個人的責任、謝罪、癒し、慈悲、赦しと、仲直りさえも、そのプロセスに持って来ることによって、一層積極的な結果が社会のために確かに可能である。誰も、それが毎回うまく行くであろうとは主張しない。多くの犯罪者は、それが以前よりもより厳しいシステムになっているので、審判を望まないであろう。そのような世界を約束した後でさえ、協力しようとはしない多くの無責任な人々がいるであろう。相当数の人が、そのプロセスを故意に妨害しようとさえするであろう。しかし、もしも、我々が、人々は、基本的に善人であり、悪人ではないと信じるならば、彼らが、彼らの性格の「もっと良い側面」を持っていて、彼らには高潔な能力がある。また、通常、「アメと鞭」のアプローチが、単に鞭だけを使うことよりも良いと信じるならば、そこで、我々は、修復的哲学を採用することは、現在のシステムが供給するより多くの変化の機会を創造すると考えるに違いない。それは、希望を提供し、それに伴われる全ての尊厳を認識し、そして敬意をもって人々を扱うのはこのシステムである。そんなものとして、修復的司法は、それと関わるようになった全ての人々の尊厳を高めるであろう。

修復的司法は、もちろん、階級、人種と性の違いによって引き起こされた体系的な問題を解決することはできない。これらは、変化させる司法を通して、全てのために公平と正義をもたらそうとするより広い共同体の努力に属する。修復的司法は、しかしながら、この変形力のあるプロセスで重要な役割を演ずる。修復的司法は、国全体が癒されて、そして犯罪的な過去を仲直りさせようと努めた、南アフリカの「真理と仲直り委員会」の従ったコースを通じて、幼稚園と個人の家で、また、学校とコミュニティで使われることが可能である。

結論

新しい千年紀の夜明けは、我々のために、過去から学んで、そして創造的に未来を発展させる機会を提供する。刑事司法プロセスのエリアより以上に、一層新鮮な考えを必要としている社会構造は、他のどのようなものにもない。被害者が、もっとうまく取り扱われる必要がある。犯罪者は、彼らが行ったことを直視する必要がある。コミュニティは、再度権利を与えられる必要がある。これらの三つが、修復的司法ではうまくいくのである。

註

1 Pastoral Letter, The Common Good and the Catholic Church's Social Teaching, Catholic Bishops of England and Wales, 1996.
2 Ibid.
3 Pope John Paul II, World Day of Peace Message, 1 January 1998.
4 Interview with Linda Skates. RNZ, 7 June 1998.

第四章　司法の心：真理、慈悲、癒し、赦し

マイケル・ラプズリー

少し前に、一人の若者がケープ・タウンのトラウマ・センターにやってきました。これは、「真理と仲直り委員会」（ＴＲＣ）が活動を始める前でした。彼は、自分の描いた絵を買うよう勧めるためにやってきたのですが、値段について交渉している間に、よくあることですが、偶然、彼の体験談を話し始めました。彼は、自分が受けた拘禁や拷問について語り、次のように述べました。「私をこのような目に合わせた者たちを、何年間も刑務所で過ごさせたいとは思いません。それは彼らにも役立たないし、我々にも、社会にも役立ちません。しかし彼らに、社会建設への寄与をさせたいと思います。彼らが、病院で働いたり、家の再建のために働いたりするよう求めれば良いと思います」。この若者は多分、応報的司法とか修復的司法とかの言葉を聞いたことはないでしょうけれども、彼が語っていたのは修復的司法の考え方です。

応報ではなく修復

「真理と仲直り委員会」に対して証言したとき、私は応報的司法ではなく、修復的司法を信じているという言葉で締めくくりました。私は言いました。もしも、誰かが私に手紙爆弾を送ったとしましょう。その手紙に私の

名前をタイプした人がやってきて、「私がやりました。すみません。今では、南アフリカを良くするために何かをしたいと思っています。あなたにではなく、社会に対してですが、赦してくれますか」と言えば、「もちろん赦しますとも」と答えるでしょう。

たとえば、誰かが次のように言ったとしましょう。「私はやり直す決心をしました。私は手紙爆弾を作っていましたが、今は病院の技術者です。手足を失った人のために尽くします」と。もちろん私は赦すでしょう。赦しは修復的司法につながっています。「いやいや、君はまず二五年間監獄にぶち込まれるべきだ。君を拘禁するために納税者の金を費やすのだ」と言ったとして、それが何の役に立つでしょうか。憎悪と苦痛と復讐から得られるものがあるでしょうか。とくに、刑務所の状況が変わらず、累犯者として刑務所へ短期間で戻っていく人の割合が変わらないとすれば、どうでしょう。

南アフリカでは現在、我々皆が、そして私自身も例外だとは思いませんが、犯罪とその結果と、その対処の仕方に心を奪われています。この犯罪の多発に対する大多数の人の反応は、死刑の即時再開です。多分、議会の「アフリカ民族会議（ANC）」のメンバーが自由投票ということになっても結果は同様でしょう。刑務所をますますたくさん作ることを求め、刑期をますます長くすることを求めることになるでしょう。

これらはアメリカでレーガン＝ブッシュ時代を通じて行われてきたことであり、何の役にもたたなかったことは証明済みであります。そこでは、社会的・福祉的支出を抑制し（それは今日も続いているが）、刑務所を次から次へと作りつづけました。死刑も次々と多くの州で復活しました。合衆国全体では四〇〇〇人もの死刑囚の列がつくられました。あなた方がアメリカへ行って、私が以前にそこにいた時にしたように、間違ったラジオにあたれば、右翼の人々の、おそらく、合衆国の犯罪問題の解決策として死刑が最も有効であると主張するキリスト教系のラジオ局の放送が聞こえてくるでしょう。

南アフリカに植民地主義がやって来たときに、応報的司法も一緒にきました。これこそ何百万人の黒人を野獣にし、人間性を奪い、犯罪者に仕立て上げた制度です。理由はあまりはっきりとは分かりませんが、南アフリカで過去を忘れようと約束するとすれば、奴隷の歴史を忘れることです。私は、南アフリカでの奴隷制度と、民族の心にそれが何を残したかについて、いかに語らずに済ませるかに心を砕いています。しかし南アフリカで規範的であったもので記憶しなければならないものは刑罰です。むち打ちは、近年、非合法化されるまでは、規範の構成部分でした。（新聞の）『メイル』や『ガーディアン』を読めば、拷問は今でも多く行われています。何百年もの間、この社会は、応報のやり方で人々を隷属させてきました。それが今日の状況を作り出してきたのです。

あまりにも多くの点で、我々は憤りの深い民族であり、我々がその憤りをテーブルにたたき付け、いかに憤っているかを話し終わるまでは、神様も、その憤りを他に変換することができるとは、私には思えません。また、私は、同じく、「真理と仲直りの委員会」が、勝利者たちを苦しめているという問題についてダンダーラ大司教が話されたことをも、また、結果として犠牲者となっていると公式に宣言するときに、「真理と仲直りの委員会」が、使った言葉でさえも、肯定したいのです。しかし、我々は、「世界のマンデラが、わが国には多くのマンデラがいるのですが、迫害や憎悪や復讐の兆候を示さなかったのはなぜなのか」という疑問には、答えが出たと思っています。

その理由の一部は、解放への途上にある我々の多くが、苦しい戦いの解決の鍵は、いけにえと自己犠牲にあることを悟っており、また、それが、我々への憐れみを、我々が世界に対して求めなかった理由であると思うからです。我々は世界が我々をかわいそうに思って欲しいとは求めませんでした。我々は、我々と一緒に立ち上がり、我々と一緒になって欲しいと世界に求めました。我々は世界に、一致団結して欲しいと求めたのです。そこで、我々がぶたれたとき、私は、我々の仲間たちのために、何が起こりつつあるかを認識し、そしてそれを避けるほどの十分に賢明ではなかったことにいささか驚いたのです。我々が、全く冷静で、「ああ、今度は我々に起こってしまった」と話したという別の認識があるのです。それは、我々の苦しい戦いの本質です。生命と解放は、犠牲なしには得られないということです。クリスチャンである我々は、新しい生命への道が苦しみと十字架と死によらずして存在しないことをイエスから学んだのでした。そのとおり、我々は大変な代償を払ったのです。しかし二〇世紀の最も重要な戦いの一つであり、我々が神に似せて創られた人類であるという福音の真理のための戦いに加われることは何と名誉なことでありましょうか。

慈悲、容赦、仲直り

つい最近の我々の小さな集まりのランチの席でラマシャーラ博士が話されたことをお話ししましょう。博士の話は、二〜三週間前に、「真理と仲直り委員会」から派遣され、ルワンダへの代表団と一緒に行ったときの話です。その話は、ルワンダについてではなく、そこに滞在している間に、ボクスバーグにある彼女の家が燃やされたという電話を受け取ったことについてでした。そのとき彼女はルワンダにいました。彼女は帰るべきだったでしょうか。彼女はとどまりました。そして、彼女が帰ったときには、すでに、彼女の家は約六〇人の白人青年によって放火され、焼け落ちていました。放火犯のうち一二人は警察によって逮捕されていました。彼らは、まず家を破壊しつくし、最後に燃やしたのです。そして、なぜそんなことをしたか聞かれたとき「おもしろかったから」と答えたのでした。

ラマシャーラ博士は、これらの若者や両親と会う機会を作って、そこで彼らに、告発の意思はないと語りました。これは警察や彼女の兄弟を憤慨させることになりました。彼女は犯罪者たちに言いました。「もちろんあなたがたは、自分のやったことに責任を取らなければなりません。私の家を立て直してくれないといけません。その上、そのためのお金を工面する責任があります。それにコミュニティで老人か誰か、助けを必要としている人を見つけて、その人たちのために自分のできることをして欲しいと希望します。そして、六カ月ごとにあなたがたの人生にどのような変化が生じているか報告してくれることを望みます。あなたがたの学業についても知りたいです」。

白人の多い地域に住むこの黒人女性は、毎日、彼女の家の再建をどのように手伝いましょうかという問い合わせの電話を、コミュニティの人々から受けています。

そうなった上で、これらの若者が裁判を受け、刑務所へ行ったかどうかについて、私は、はっきりとは知りません。もしも、彼らが刑務所へ送られていたとしたら、その効果はどのようなものでしょうか。彼らは若者として、どこに送られることになるのでしょうか。彼らが二年間服役したと想像してみましょう。その二年間は彼らにどのような影響をもたらすでしょうか。彼らはどのような道を行き、その道はどこへ通じるでしょうか。それはまったくひどい筋書きになったでしょう。それは懲罰的司法（応報的司法）と修復的司法との差異を劇的に証明する物語であります。

聖書の司法

私はパウロ・フレイヤーの「被抑圧者の教育学」という本を思い出さずにいられません。その中に「抑圧された者の、人間としての考え方は、抑圧をした者の考え方と似ている」という注目すべき言葉があります。たとえば、何百万という貧困な黒人は、「死刑を復活せよ」と言います。何百年にもわたって我々の社会が立脚してきた死の価値が、我々の魂に食い込んできたからです。どうにかして我々は死と司法を結び付けてきたこの鎖から脱出しなければなりません。聖典を読むときでさえ、死の価値に照らしてそれを読み、聖書の命を与える価値との関係では読んではいないのです。司法に関して旧約聖書からの最もよく知られた引用は何でしょうか。「眼には眼を、歯には歯を」です。この個所は何を意味するのでしょうか。何を示しているのでしょうか。この個所の要点は、聖典を注意深く検討している神学者に従えば、それは、復讐について語っているのではなく均衡性について語っているというのだからおもしろいではありませんか。その意味するところは、あなたが私から牛一頭を盗めば、あなたが返さなければならないものは一〇〇頭の牛ではなくて一頭の牛だということです。

それでもなお、我々はほとんど例外なく、それを復讐にかんする句だと解釈しています。それは間違っています。平等にかんする句なのです。イエスは異議を申し立てているのをあなた方は知っているでしょう。「一エーカーの土地には、一エーカーの土地をと話すことは、このような温かみのない、ばかげた平等ではない」と彼は言いました。イエスは何と答えられたか。イエスは寛大さで応じることを求められました。私があなた方に示唆したいのは、我々は聖典を我々の願望にしたがって解釈しており、聖典の真理とその言葉に忠実でなかったということです。

数年前、ジンバブエに住んでいた頃に、初期のエイズにかんする会議に出席していました。主教管区の大司教が立ち上がって、エイズは神からの罰であると言いました。続けてかれは、我々が崇拝する神は、今日、我々の行動の全てを決められていると言いました。私は心の中で、そうだ、あなたの神は、怒りの権化であると思いました。我々の誰が神であるかについての、我々の認識が、我々の価値観と態度を決めるのです。多くの人々の持っている神は怒れる教祖であり、憐れみ深い神ではないのではないのかと私は思います。伝統的社会を眺めてみますと、司法についての考え方は展望的であり、回顧的ではないということに気づくでしょう。悪事が行われたときの伝統的社会の関心は、いかにして関係を修復するかであり、いかに罰するかではありませんでした。我々は過去を振り返って罰しようとしているのではなく、未来を創造しようとしているのです。我々は調和を作り出そうとしているのです。我々はそれを思い出そうと（犯罪者を仲間に再編入しようと）しているのであり、乱された組織体を元に戻そうとしているのです。それがアフリカ社会の真理であり、世界中の伝統的社会の真理であり、聖典に合致する真理なのです。

幾人かの神学者は、我々が十戒の解釈を誤っていたこと、旧約聖書の中で言われていることが関係とその修復であると理解するよりも、禁止命令にしてしまっていたことを指摘しています。たとえば、モーゼの法は次のように言っています。「神との契約関係にあるあなた方。殺してはならない。盗んではならない。姦淫してはならない」。ここには、神との契約関係にある者が行うべき事柄、行ってはならない事柄が列挙されています。それはまた、司法へのアプローチの方法でなければならないものです。我々は「どのようにして、関係を修復するかをたずねなければなりません」。イエスと徴税人とを見なければなりません。イエスは夕食のために来られて、イエスの言葉の中では、この人物との関係を始めるために来られて、ザアカイが自分の罪を認め、不正手段で得たものを修復的なやり方で、余剰をつけて返すことに応じたのです。しかしイエスの最初のアプローチは、ご自身がこの人物との関係を受け入れることでした。

ニュージーランドでは、彼らの司法制度を、最近の三～四年の間に、応報的司法に代えて、修復的司法アプローチを用いるようになってきています。修復的司法の重要な部分は、被害者と犯罪者が望むならば対面するということです。それは強制的なプログラムではありません。人々は応報的な道を望むならば選ぶこともできるのです。応報的制度の要点は、あなたがたが国と取引し、その日の終わりには、被害者は怒りがおさまらないだけでなく、ますますひどくなり、復讐の感情はいくぶんか満足させられるかもしれないが、犯人は刑務所へ行って新しい悪事を学び、ますます狂暴で非人間的になり、このようにして犯罪のサイクル（循環）が永遠に続くということなのです。

創造的で福音的な命を与える選択をしたラマシャーラ博士の話を思い起こしましょう。彼女は応報的な方法を選ぶことも完全に正当化されたでしょう、そうすれば人々は、「もちろん、彼女の家が焼かれたのだから。彼らは刑務所へ行くのが当然だ」と言ったでしょう。しかし彼女は、その鎖を断ちきりました。今、まさに始っていただろう鎖を。その鎖を断ちきることによって、コミュニティ全体を人間的にするのを助けました。彼女の家が焼かれた事件をはるかに超えて、黒人と白人が互いにもつステレオタイプ、人種差別や、その他の多くのことを打破したのです。彼女は、子どもを子どもとして見て、あれこれのことをなした白い悪魔とは見ませんでした。

皆さんの心をかき乱したかも知れませんが、そうであれば幸いです。もしあなたがたがまだ新しい方式の司法について考え始めていないならば、その旅立ちを希望します。

最後に

最後に少しばかり違ったことを付け加えたいと思います。これを話すことは私にとって大切なことだと思うからです。ツツ大司教がここにおられたとき、私について非常に寛大で親切なことを話されたのを聞かれた方もおられるでしょう。そして、それは、私を助けてくれてこの国に寄与したことでした。それらの一部は適切で、他の一部は人間性を失わせることでした。尊敬する人に対してしばしば行われることだと思います。私たちは、それらを柔軟なものに変えます。私が一緒に過ごした人々に話してみてください。そうすれば彼は、私には聖人らしさや、柔軟さや、うまく塗りこめるものを持ち合わせてはいないことを保証してくれるでしょう。しかし、だからこそ、私は他の人々の模範になれるのだと思います。

私について描かれた本で私が好きなことの一つは、わたしが多くの矛盾、多くの弱点、多くの罪、今後成長し発達を遂げなければならない多くのものを持っている人間だということを示してくれていることです。[1] 私は南アフリカの同僚のために、人間性全体を通じて、もっと役立たなければなりませんが、破綻や歪みもなく、すべてに打ち克った者としてではなく、いまだその途上にある者として役立ちたいと思います。我々の幾人かが生き残らなければならないことは確実であり、ある意味で南アフリカの街を歩くとき何も言う必要がないのは真実です。我々が誰であり、何をしなければならないかについて、誠実さをもって対話したいのです。たとえば、私は破綻のしるしであるかもしれないが、同時に人間的で、限界があり、世の終わりには、邪悪や憎しみや死よりも命や平和や温和さの方が強く存在するという神の勝利のしるしでもあります。

註

1 Michael Worship, Michael Lapsley: Priest and Partisan-A south Aircraft Journey, Ocean Press(Melbourne), 1996.

第五章　創造的刑事司法

エドワード・ライアン裁判官

私が巡回裁判官として担当した地域は、南のパーマストンから北のアシュバートン（いずれも南島）までで、それらはおおむね田園地域であるが、そこには二〇ほどの小さな町や村落に加えて、ティマルー市やオアマル町も含まれる。当該地域の人口は九万七〇〇〇人である。それに加えて私は毎月一週間クライストチャーチの法廷で裁判官席に座っている。

量刑判決の哲学を明確に示すことは難しい。私は一三年間地方裁判所の判事をしている。その始めのころの私にとって最も難しかった事柄の一つは、委任された量刑というような議会による制定法の規定とは異なる量刑判決の哲学をニュージーランドの刑事司法に位置づけることが、ほとんど不可能に近いということに気づくことであった。

思考パターンや原則の概観を見つけることは非常に難しい。それは自分のために考え出さなければならないものである。それぞれのケースにおいて私は何をするよう努めるべきであろうか？　この最後の点は重要である。例えば、二つの異なるアプローチを必要とする二人の同じような犯罪者がいたとしよう。もしもその目的が当該市民を援助するべく最善の何かをすることであるなら、それぞれに異なるアプローチが必要とされるであろう。

それは量刑判決の哲学ではないだろうか。

私の人生においてもう一つの重要な側面は、私がクライストチャーチで貧しい家族を訪問する聖ビンセント・ドゥ・ポール協会のメンバーであったということである。これには教会の救援センターでのボランティア活動の数年も含まれる。これらの経験のすべてが量刑判決の哲学に寄与している。

私は私の量刑政策を通して、被害者・加害者・その家族を含めたあらゆる関係者の状況を改善するような結果が得られることを望んでいる。私はこれらの事態をさらに悪くすることのないよう望んでいる。

私は修復的司法を定義することに躊躇する。なぜなら、異なった人々には異なった意味を持つ概念だからである。多くの解説者たちによって、修復的司法を彼らの基準で定義しておいて、そしてそれが役に立たないとのむしろ不適当な攻撃をされたことを思い出させるのである。

私は、修復的司法は量刑判決の哲学のようなものだと考えている。それはそれぞれの特定のケースをとりあげ、何が望ましい目的であるかを尋ねることである。ある人はそこで、この目的を達成するべき最善の方法を見つけようと努力する。

多くの場合被害者は、家族グループ会議（ＦＧＣ）が非常に価値があり、そして満足のいくものであると認識していることが理解されている。私は驚いてはいない。罪の自白／赦し／励まし／仲直りの概念に精通している人々も、同様に驚かないであろう。それでもなおかつ、被害者が二重の被害を受けたと感じたケースもありうる。我々はこれについて注意深くなる必要がある。

成人に対するコミュニティ・グループ会議（ＣＧＣ）に関しては、若者裁判所における結果と、成人の司法管轄における結果との間には重大な違いはないであろう。私は今のところ、若者裁判所では全てが家族グループ会議に委ねられており、そのような方法は成人の裁判においてもうまくいくであろうと考えている。ティマルーで、被害者と犯罪者がＣＧＣに参加することを判決前調査報告書に書くことは、それなりに意義があることをときおり保護観察官に示唆している。しかしながら私には、コミュニティ・グループ会議（ＣＧＣ）が行われるべきであると命令する権限はないし、そのようにしてそれを押しつけたいとも望まない。

私は、ものごとが単純にしておかれ、そして司法に被害者と加害者を含めるという選択肢が利用可能であれば、司法が最大限に役立つのではないかと常に感じてきた。それは常に、私の裁判所での態度であった。私は裁判官として最初の数年をニュージーランドの北島で仕事をする間に、裁判所と刑務所システムを経てきた者が、そうでない者よりも犯罪を多数行っているのを見てきた。ある者は、何年間も出たり入ったりを繰り返していた。彼らはよく見る顔である。このことが私に提供した主要な道徳的ジレンマは、そのように一貫して犯罪を繰り返す者を、その行動に肯定的な変化をもたらすような方法で、創造的に扱えないものだろうかということであった。これは容易な仕事ではない。私は、もしも聖トマス・アクイナスが生きておられたならば、この問題に彼の知性を傾注されたであろうと確信する。人々がより良い生活を送るのを助けるためにわれわれはわれわれの仕事を通して、どのように創造的にとりくめるだろうか？　これは聖職者や大工、判事にも同様に当てはまる道徳的な問題である。誰一人も、そこから免除されることはない。

そういうわけで私は、方向転換プロジェクトがティマルーで開発されたことをとても幸運に感じている。それは、伝統的に通常の裁判所のプロセスでは容易に手に入れることのできないやり方で、犯罪を扱うことにコミュニティが関わる機会を提供する。私はティマルーの枠組みはあらゆる角度から見て非常にうまくいってると信じている。それには加害者は言うまでもなく、（機会が与えられれば、一緒に生活することになるであろう）被害者／コミュニティ／警察も含まれる。

私の視点からすれば、それは現に機能している修復的司法である。それは他の人々の枠組みには適しないかもしれないが、ここではうまくいっている。どんな名前で呼ばれようとも、バラの香りはいいものなのである。方向転換プロジェクトは、担当裁判官としての私に対して、警察／弁護士／被告人／その他当該事件の関係者によって出された申請を必要とする。その申請は、方向転換プロジェクトのメカニズムを通して犯罪を処理するよう求めている。もしも同意が得られたなら（同意が得られるのが常であるが）、被害者に連絡がなされる。警察とコミュニティのメンバーにも連絡がなされる。たいていの場合、被害者はそのミーティングに参加する。彼らのなかには少し不安げに、そしていく分不本意ながらやってくる者もいるが、参加するよう奨励される。しかしなかには参加しないことを選ぶ者もいる。

裁判官が出席しないミーティングで、加害者は自分が悪い事を行ったことを認めなければならない。もしも彼が有罪ではないと主張するなら、彼は伝統的な方法によって裁判所に行くこととなる。促進者が議長を務めるミーティングでは、加害者は何が起きたか、そしてそれはなぜかについて話すことができる。被害者はそれがどのように彼／彼女に影響を与えたかを話すよう求められる。このプロセスは、小さなケースでは一時間ぐらいで終わることもあるし、詳細に述べるべき重大な問題がある場合には数時間も続くことがある。なお、それが適切な場合には、加害者と被害者を支援する人々のすべてが参加する。

彼らは、補償を基礎にした協定・契約を作成する。それには謝罪やその他の修復的なメカニズムも含まれる。ミーティングでの全ての参加者がその契約に合意しなければならない。もしそうでなければ、事件は裁判所に差し戻される。そのようなことはめったに起こらない。我々はこれまで二年以上の間に、二〇〇件を超えるケースを手がけてきた。そのなかで契約が完了されなかったものは一〇％以下にとどまり、これらのケースにおける加害者は結果として裁判所に送致された。そのような場合でも、合理的な説明と義務を遂行する強固な約束があれば、その後も契約を履行する機会が残される。

この枠組のすばらしいところは、それがうまく機能しているということである。一九九三年に私が裁判官として初めてティマルーに赴任したとき、私の前任者がその前年に一一六名を刑務所に送ったことを知った。私が赴任したはじめの一年間に、修復的司法の原理を導入することによって、その一年間に刑務所に送られたのはわずかに三〇名であった。翌年にはその数は二一人であった。それ以後、毎年ほぼ三〇名の者が刑務所に送られるのみである。結果として犯罪の波は起こらなかった。実際には、それとは逆のことが起こった。この量刑方式を導入して以来、犯罪はほぼ毎年減少しているのである。例えば、一九九七年にサウスカンタベリーはニュージーランドの全二六の警察管区内において、二番目に減少が大きかった。ニュージーランド全体の犯罪レベルは増加し続けたが、我々の犯罪レベルは七％の下落を示した。全ての分野、暴力犯罪・性犯罪・財産犯罪・不正行為・ホワイトカラー犯罪で、我々の犯罪率は減少を示しており、時にはかなりの減少を示したこともある。唯一、この傾向に反した領域は、薬物犯罪であるが、それはニュージーランド全体の平均的な増加を反映したものだと思われる。

さらに私が着任した時には、開廷を待っている二〇～三〇の陪審裁判があった。昨年、検察官はその数字は八～一〇に下がったと述べており、先週それは四件になった。言いかえれば、犯罪数はかなり減少しているということである。今年はすでに一週間も陪審裁判が行われないということもあった。

地方裁判所から高等法院への控訴率は大幅に減少している。断続的に拘置されている人の数は、過去何年もの間の数の約三分の一である。現在裁判を待っている高等法院の陪審裁判は二件のみで、そのうち一件は再審であった。『ティマルー・ヘラルド』の見出しで、ニュージーランド全体の犯罪率は二%上昇しているが、サウスカンタベリーでは七%減少しているということを報じているのを見ると、相当元気づけられる。その前年の数字も同様であった。若者裁判所に出頭するケース数は取るに足りないものである。審理する事件もなく二・三カ月が過ぎることもある。私はオアマルで、一日に一一件の審理を行ったことを覚えている。ちょうど、ふざけている子どもたちがたくさんいたという感じであった。

今私は、となりの人と同じように、そのことが誤っていると判断することもできる。けれども、ほとんど上訴はないようだ。ある人は私があまりにも寛大に処理しているというかもしれない。時にはそういう場合もあるであろう。しかし、同時に犯罪の数も減っているならば、それはより良いことではないだろうか。

言いかえれば、裁判所がより厳しくなり、より長い期間刑務所に入れておくという実務は、表面上はともかく意図とは逆の結果をもたらしているように思われる。警察官は時々自分たちは失業してしまうんじゃないかって冗談を言うこともある。あり得ないこととは思うが、しかしそうならないとも言えないだろう?

若干の事件記録を紹介しよう。私は一七歳の少年が放火で告発され出廷してきた事件を担当したことがある。彼は家畜小屋を全焼させたのだ。彼は酒を飲みながら友人たちとあてもなく田舎道をドライブしていた。私はこの犯罪のために拘禁刑を科されるかもしれない勾留されている少年を取り調べるために休暇から帰ってきた。私は判決裁判官として、補償に関して何かしましたかと尋ねた。彼の弁護士はまだ何も聞いていないと述べた。その少年は私には健康で元気そうに見えた。私はこのケースで被害を被った農場主などに誰か話をしに行きましたかと尋ねた。誰もそうしていないということであった。私は裁判を延期して、彼にその農場主に会いに行くことを許可した。彼がそうするためには、勾留から釈放されなければならなかった。農場主の妻が（彼女は放火についてとても怒っていた）そのＣＧＣにとても満足していること、そして少年は賠償の一部として農場主たちのために働くことに合意した、という報告を後に受けた。我々はこの少年のために詳細なコミュニティ・プログラムを設定した。彼はそのプログラムを適切に成し遂げたので、私は彼が受けた執行猶予の判決を取り消した。

つい最近、酔っぱらって彼女に振られたことにかっとなった男が、彼女の車が止めてあるガレージのところに着火剤をまいてそれに火をつけた。彼は酔いが醒めてから恐ろしくなった。私はＣＧＣを提案した。それは非常にやりがいのあるものだった。彼は今も薪作りの仕事を続けている。彼は拘禁刑の執行猶予の判決を受け、賠償を続けている。その女性被害者はそのような結果に十分に満足していると私は理解している

私は判決前報告書に、横柄で、自分のしたいように振る舞い続け、将来多くの犯罪をしそうであると書かれて出頭して来た、飲酒運転によって加害事故を起こしたという重大な前歴を持つ男のことを覚えている。彼は誤って伝えられているとして、その報告書に激しく異議を申し立てた。彼は、彼のワナウ（家族）の数人を連れて来るという慎重さを持っていた。彼らは彼を援助する用意があるとの陳述を行った。私は彼らに自己紹介するようにと裁判官席に招いた。多くの人が立った。彼らのなかにはとくに立派な考えを持っている者が三・四人いた。彼らはこの過ちを犯した若者を救ってあげたいと述べた。私は彼らにチャンスを与えるべきだと考えた。その時まで私は二年の拘禁刑を科すことを考えていた。我々は彼のためにあるプログラムを作成した。以後私はそのプログラムを調整するため彼に二～三度会ったが、彼は次第によくなっていった。我々は問題の解決をコミュニティ・グループ会議に委ねるのであるから、それはまさしく修復的司法のシステムであった。

方向転換プロジェクトからのボーナスの一つは、それに参加しそれを履行した者たちには前科記録が残らない

ということである。実際にそれは、加害者を裁判所の手続にのせず、現行の伝統的な刑事司法手続きに関与させないということで、コミュニティ・デイバージョンの枠組みであり、このことは加害者にとって現実的な誘因になっている。ふつうであれば犯罪を犯さないであろう人たちは、理由はさまざまであっても多くの場合そのようにするだろう。彼らは強盗、詐欺、窃盗、公然猥褻、暴行、交通事故による過失致死といった重大な告発に直面しているかもしれない。伝統的な裁判所の舞台設定では、これらの告発の多くは拘禁刑が相当と認められる。我々のアプローチは、コミュニティが、「我々はあなたが犯罪を犯したことを認識する。我々は、あなたが申し訳ないと思っていること、および、できる限り自分が引き起こしてしまった被害を償いたいと望んでいることを聞いた。さて、被害者とコミュニティがこのエピソードを忘れ去り、もうそれ以上の影響をあなたの将来に残さないことを赦す方向に進む方法がある」と語ることを許している。どれくらいそのようなアプローチをコミュニティが望んでいるかは驚くべきである。それは非常に有意義なものである。方向転換プロジェクトを体験した者のおよそ七五％が再犯を犯していない。

私の印象は、我々がティマルー、オアマル、アシュバートン地区で達成した明白な成果は刑事司法システムに良い影響を与えるものとみなすことができるというものである。我々のコミュニティ・ディバージョンの枠組みは、警察によって熱狂的に支持されている。それを悪魔の所業とみなす人もいるかもしれない。しかしその結果は、多くの犯罪者が警察にそれ以上の仕事を与えなくなるだろうことを示すように思われる。そしてそれは間違いなく望ましい成果である。我々が司法について考えているものとは異なるものであるかもしれないが、それは確実に健全な司法を提供してくれるだろう。

第六章　責任を自覚して、責任をとる

フレッド・マッカレー裁判官

はじめに

あまりにも長い間、刑事司法が、コミュニティから分離されてしまっているというのが、私の意見である。裁判が、国と被告の間のコンテストだと見られるようになった。

忘れられた当事者、すなわち、被害者と犯罪者が共に所属するコミュニティの大部分が無視されている。裁判は、われわれが自分自身のために権利を主張し、そして拡張しようと努力する何かであるべきであるが、しかし、現在のところ、普通の人々は、裁判が自分たちのものであるとはほとんど思っていない。それは、この国対被告人の競技を支配している規則の法律尊重主義のシステムだと見られている。その結果として、誰もが罪を犯したことそれ自体について、あるいは、誤りを正すことに対して責任をとるという誘因がほとんどない。それと対照的に、修復的司法は、本質的に、それに関係しているすべての人々による責任の受け入れを奨励し、そして、平和を復活させるためにコミュニティの強さを引き出すコミュニティに基礎をおくモデルである。

刑事法の枠組みとしての修復的司法

修復的司法の道に沿った私自身の遍歴が、一九九〇年に、私が若者裁判所裁判官になった時に始まった。それには、（あとから考えて見ていっそう外見上明白になった論理で）四つの段階があり、他に報告させていただいたところでもある。

一　新しい司法のモデルとして、ニュージーランドの若者裁判所の承認、[1]
二　大部分が司法の修復的なシステムとして、われわれの若者司法の分析、[2]
三　成人に適用できるコミュニティ・グループ会議の概念の開発、[3]
四　司法の中心に置かれる正しい関係の考慮。[4]

私は、私がこの遍歴について他のところに書いたものを繰り返したくはない、しかし、私が理解した若者裁判所モデルの特有の―本当に革命的な―要素を、ここで再び述べる価値はあるだろう。

(i)国家、主として裁判所からコミュニティへの権限の移転、
(ii)交渉されたコミュニティの反応を作り出すメカニズム（機構）として、家族グループ会議（ＦＧＣ）、
(iii)犯罪者と被害者双方の治癒プロセスを可能にするよう、基本的な関係者として被害者を入れること。

懲罰的あるいは抑止システムよりもむしろ、修復的司法システムへの集中を要求するとして、このモデルは高等法院決定で認められた。新しい規定の目的は、被害者とコミュニティ、ならびに、若者たちを援助し、彼らの犯罪によって引き起こされた損害を癒す過程に、彼らが参加することが出来るようにすることであった。この過程の不可欠な部分が、家族グループ会議において交渉されたコミュニティの回答である。それは、裁判所が、成人の犯罪者を扱う場合に使うように

要求されるものとは大いに異なった方法で行われているシステムである。[5]

私は、次に、修復的司法は、「刑罰よりも、社会復帰を」という古い議論を、単に、新しい言語で盛装したものではないと強調したい。そのアプローチは、栄華を誇った時期もあったが、失敗してしまった。犯罪者を、単純に、病人であるとして、処罰よりも治療を要求して処遇するということは、説得力のあるアプローチではない。その他もろもろの欠陥の中でも、それは正義が行われるのを見たいという一般市民の願望を無視し、また、それは犯罪者の重要な権利に干渉となる場合もある。例えば、犯罪に不釣り合いではない結果になり、そして限定された期間内に終わる。まさに重要なのは、国家の中心的な役割を―実際に補強され―そのままにし、また、被害者の窮状を無視したので、このアプローチは失敗した。その結果として、これまでの三〇年の多くのリベラリズムは、ニュージーランドで、刑務所にその激しく強調されて確立された応報の基本的なモデルを変更しなかった。私は、司法の代替モデルが現れるまでは、刑務所の有意義な代替物は、決して現れることはないだろうと示唆する。

その代替物を提供する別の競争相手が現れつつある。修復的司法の他に、われわれは、治癒的司法と同様に、変換的司法と、相関的司法について聞いている。困惑してはいけない。彼らは、この論文の主要な論題から私の気をそらせるほどに、類似している。[6]

これらのすべては、被害者のためにもっと良い取り扱いと、コミュニティの関係のもっと良い感覚に根拠を置く一層敏感なシステムを求めている。

コミュニティの不思議な作用でのキー・パースンは、多分、被害者である。修復的司法モデルの下では、被害者は顔がない者ではないだけではなく、名前のない者でもない実在である。彼／彼女の怒りと傷は、面と向かっての遭遇で目撃される。犯罪者の没個性化する防禦のメカニズム ― 「彼らはそれを買う余裕がある」、「それは自動車に過ぎない」など ― は、被害者が生きていて、傷つけられた人間として経験する時には、失敗するという傾向にある。ジュリー・リーブリックによる、犯罪の行動を変えることに対する恥の機能（ブレイスウエイトの『再統合』タイプ）に関する貴重な研究は、たとえ、その仕事が修復的司法のシステムでなされなかったとしても、修復的モデルの主張を支持するに違いない。[7]

恥ずかしさは、謝罪と、後悔の表現に導くことが可能で、そしてそれは順番に、謝罪と、もしかすると容赦の受け入れに導くことができる。宗教的な局面を脇において、容赦は、しばしば自然の反応であり、両方の当事者に役立つのであるけれども、被害者に課される義務であるというセンスでは、容赦が期待されるべきではない。容赦を経験して、双方が過去の傷を忘れ、そして、未来のために建設を始めることができる。[8]

裁判所のプロセスを通しての責任の自覚、古いものと、新しいもの

私が、最近見つけた責任の自覚に関する最も適切な、そして助けになる声明は、ハワード・ゼァーが、修復的司法についてビデオテープで語ったことである。[9]

> **構造的な司法の見地から、いっそう基本的に必要とされるものの一つは、有意義な方法で、犯罪者に責任があると考えさせることである。私は、時々、裁判官たちとの会話の機会があり、彼らは、「そうだ、私は、犯罪者に責任があると自覚させる必要がある」と言う ― 完全に同意するが、しかし、違いは、われわれが責任をどのように理解するかである。**

彼らが、責任について理解しているものは、通常の理解は、「あなたは、あなたの罰を受ける」である。それは非常に抽象的なものである。あなたは、刑務所であなたの時を過ごす、そして、あなたは社会にあなたの負債を支払っている。しかし、それは、あなたが誰かに、負債を払っているように思われない。基本的に、刑務所にいる間は、他人の稼ぎで生きているのだから。あなたは、そのプロセスでは、決してあなたが行ったことを理解することがない……「責任を自覚すること」は、あなたが何をしたのかを理解し、そして、次に、それに責任を取ることである。そしてそれに対して責任をとることは、それを正すために何かをすることを意味するが、しかし、同じくそのプロセスの一部となるのを助けることを意味する。

私は、ハワード・ゼァーを支持したい。西洋の刑事司法のモデルは、私の見解では、有意義な方法で犯罪者に責任を自覚させてはいない。犯罪を犯した若者が「責任があると自覚し、そして、彼らの行動について、責任を受け入れるよう奨励されるべきである」という原則を呈示する、『子ども、若者とその家族法』の第四条（f）に相当する成人に関する法律はない。それは、さらに、彼らが「彼らの必要性を認識し、そして責任があり、有益で、さらに、社会的に受容できる方法で発達する機会を与えるであろう方法で扱われる」べきであることを規定する。私が、他のところで論じたように、これらの条項は、責任の自覚と、より広い共同体のメンバーシップを強調する。それらは、「柔らかい」あるいは、不鮮明な概念ではない。若者たちは、しばしば彼ら自身「被害者」であるけれども、彼らの行動の結果に対して責任をとり、そして、他人や「そのシステム」を非難しないようにと奨励される。このようにして、彼らは、彼ら自身の生活のコントロールをとり始めることができる。われわれは、伝統的な裁判所システムは、犯罪者を責任があると判断するが、それは、あまりにも儀式化し、非人格化して、そして、多くの事件で勝つか、負けるかのゲームになってしまった。問題は、われわれが使っている、まさに、その司法のモデルにある。

刑事司法の普通の西洋の概念の中心に、フェアプレーの明瞭に定義された規則に従って行われ、そして評決（有罪／無罪）に導く、国家と被告人の間の争いのアイディアがある。これらの規則の最も重要なものの一つは、無罪の推定である。国家が、有罪を証明しない限り、被告人は無罪と認定されるべきである。有罪と認定された者は、国家によって処罰される、また、無論、量刑判決のしくみが、より厳しければ、それだけ、実際に犯罪を犯した者は、無罪の推定を期待しようとして、国家に立証を求める誘因が大きくなる、すなわち無罪を答弁する。[10]

公正な裁判の概念は、対審システムの理想像—その最も高い理想—と描写されてきた。それは、複雑な証拠規則（例えば、伝聞証拠の排除）、警察の取り調べと、その他の「適正手続」の他の固定した原則の処理のための裁判官の規則によって定式化された手続上の用語で見られるようになった。それら自身は、重要であるけれども、それらは、あまりにも長い間、刑事司法におけるわれわれの思考を奪ってきた。最優先の問題は、公正な手順に従って行われたかどうかである—それらが正しい結果を出したか、被告人に公正な結果となったか、被害者が満足したか、被害者と犯罪者の両方が所属するコミュニティで調和を作り出したか否かではないのである。それ自身の手順によって正義を測定するという、たいていが一九世紀に形成された、鋳型にはまり込んでしまった。正義が、法律のものさしであることに代わって、法律が正義の定義になった。

今や、この態度に異議を唱える時である。それは、裁判所がアンパイアの役を務める間に、弁護士がそのシステム（規則）で遊び、正義があまりにもしばしば敗者となってしまうゲームとして、刑事司法の描写にと導いた。それは、私が信じるところでは、社会と法律（そして弁護士）にあまり役に立たないものになった。

そこで、責任を自覚することに関するゼァーの挑戦に戻ると、明白な事実は、われわれの一九世紀のモデルが責任の自覚を促進しないということである。使われた言語の多くが過去の時代からのものであることから始めよう。「宣誓証言」を行った後に、被告人は「起訴」に関して「罪状の認否」がおこなわれる。被告人は、ディスプレイの展示物のように、「証言台（dock）」に立つ。「あなたは、……をしたとして告発された。あなたは、どのように答弁しますか?」裁判全体が、演劇のようになるのに役立ち、それ故に、その経験を没個性化するのに役立つように儀式を伴って、まさに公開で行われる。恥をかかせることは、ジョン・ブレイスウエイトが態度の変更を促進しないと論ずる、（陶片）追放のタイプのものである。ジュリー・リープリックは、これを、対審システムでは、その人が本当に離れた状態にあるようにされ、そして、個人的な不名誉と、私的な後悔とを対比して、法廷の「公開の場で恥をかかせること」であると言及する。彼女は、公開の場で恥をかかせることは、「まっすぐに進む」過程では反生産的であると認定した。[11]

ますます、ニュース・メディアが主要なニュースとして犯罪を扱い、刑事裁判をテレビで放送することに熱心である節度のないドラマや、生のエンターテイメントとして放送するようになっていることは驚くべきではない。メディアは、紛争、公的な闘争、勝利者と敗者を発見することを生きがいにしている。[12]もしも、被害者が、裁判所報道に登場すると、その全ては、通常は、敗者としてであり、それは、被告人が負けた場合でさえそうであり、それゆえ、唯一の勝利者は検察側、人格のない国家である。敵意、恐れ、怒りと一般的な否定的感情が、裁判関係者と、それを見る大衆の間で同様に、あおられる。裁判所から、良いニュースが流されたことはほとんどない。

私は、今日の刑事司法のプロセスでの基本的な欠陥の一つが、答弁することに関係があると示唆する。（まさしくその言葉「答弁」は廃止されるべきである。それは、王様に拝謁して刑の軽減を願って祈とうを捧げてひれ伏す嘆願者を想像させる)。実際には、無罪の答弁は必ずしも、被告人が有罪を否定するものではない。それはただ、被告が「検察側を証明に向かわせる」ことを望むこと、すなわち、検察側がその事件を証明することができるかどうか見ることだけを意味するかもしれない。これは、責任を受け入れるのではなく、その代わりに、被告人あるいは彼の弁護士が、証明されることはないと考える全ての責任を否認する誘因として影響を及ぼすことができる。そういう訳で、これは許されるだけではなく、奨励されている。さらに、起訴が可能である(すなわち、陪審による裁判を意図した)手続きで、被告人は、予備審問(「宣誓証言」をする)が終了するまでは答弁を求められることすらない。[13]

もちろん、もしも、犯罪の基本的な要素が存在しないならば、実際に、被告は有罪でないと認定されるべきである。しかしそうではなくて、もしも検察側が、重要な証人の不在(あるいは記憶の薄れ)によって、犯罪の要素を証明し損ねたり、あるいは証人が嘘をついたから、あるいは、証人席で呼気アルコール量の読み上げ方が正確でなかったから、あるいは、検察官の単純なうっかりミスによって、あるいは、関連のある証拠が承認しがたいと判定されるからといって、司法は、無罪の認定を行うべきだろうか? 有罪であるべき人が、このプロセスによって無罪と裁決されると、実証主義者のアプローチが承認できない不正行為がなされる。

それ故に、私はますます、検察側に証明をさせることに関するわれわれの規則を変える必要を確認する。この結論に達して、私は、一九九五年三月に、カナダのサスカトゥーンで開催された修復的司法会議のレポートで、サスカチェワンの法務大臣代理、ブレント・コッターが、類似の意見を表現していたことを読んで元気づけられた。

……刑事司法システムが、あなたに責任を避けるよう、そして、否定し、そこから離れることができるとの希望を持つよう奨励する。家族の中では、このような行動は機能障害を引き起こすと考えられる。コミュニティでも、それは機能障害である。[14]

どのように変更すれば、この機能障害が避けられるであろうか？

本質的に、私は、被告人が告発を否定するか、あるいは、その時に何が起きたかを知るための手段を持たない場合を除いて、われわれが、検察側に挙証責任を負わせるという考え方を廃止するべきであると提案する。[15]被告人が告発について告げられ、その告発を自認するか否認するかを尋ねられるというやり方でどうしてだめなのか？　もしも、それが自認されたならば、検察側はそれを証明するべきではない。[16]もしも、否認されたならば、対審システムを使って証明されるべきである。[17]

この手続き上の変更は、それを導いている原則として犯罪を犯した人々が「責任を自覚して、責任を受け入れるよう奨励される」べきであるとの若者裁判所に関する制定法にある提案を、指導原理として、組み入れることを、刑事裁判法の修正によって、同時におこなうことである。[18]弁護士の任務に関する法律の改正もまたあるかもしれない。[19]ニュージーランドの家庭裁判所では、長年、弁護士に仲直りを促進する義務があった。そこの種々の民事の司法管轄でも、論争解決手続きの代替物を考える義務が、現れ始めている。[20]なぜ、新刑事裁判法が、被害者との仲直りに向かって犯罪者を奨励し、負わせた害に対して（もしあれば）彼らの責任を自認して、その過程を進める責任を弁護士に課すことができないのか？　これは、現在のシステムの下では、ほとんど力を持っていない、しかし、被害者と犯罪者との新しい取引の一部として、それは異なった提案となるであろう。もしも、有罪を認めることの結果が、拒絶と隔離で、また、投獄が、自尊心の下落と破滅の前途だけであるならば、有罪を答弁する誘因はほとんどない。[21] しかし、もしも、それが、建設的で、成長を促進し、さらに、治癒するという経験に変えられるならば、もしも、その結果が仲直りを促進するように意図されるものならば、責任を受け入れる誘因がある。

さらに、犯罪者がコミュニティ・グループ会議に出席した場合には、責任の承認のより大きいチャンスがあるだろう（すなわち、不誠実な否認は、ほとんどない）。私は、これを、若者裁判所での家族グループ会議（ＦＧＣ）プロセスの経験に基づいて言いたい。私は、今、対審システムの答弁の方法には、若者裁判所のようにはおこなわれないという原則に重要な違いがあると理解する。裁判所に出頭すると、最初に、その若者は、告発を否認すると申し出ることができ ― その場合には、審理のために待機させられ ― しかし、否認しなければ、告発されることなく、ＦＧＣが開かれるよう延期される。そこで、関連のある事実にかんする検察側の要約が議論され、そして、若者は、その内容を自認、あるいは、否認することができる。これは、被害者の面前でなされ、そこで、事実について合意に達する機会がある。もしも、あなたが、特に若者弁護人が出席する場合には、望めば、それは司法取引の一方式となり得る。何が、実際に起きたのかについて直接の交渉があり得る。そしてそれは、次に、通常、初めに警察によって告発されたものよりも一層現実的な告発に取りかえることによって、若者が、直面する告発に影響を与えることができる。もしも、合意が達せられないならば ― いちじるしく、むしろ普通ではない結果だが ― 裁判所での抗弁の審理のために、会議は休止する。さもなければ、会議は、前に述べた方法で、裁判所に勧告すべき解決の計画について合意しようとする手続きに移る。そしてそこで、告発が正式に自認されることが可能である。

修復的司法の精神を理解する弁護士が、非常に不適切な罪状を自認する、あるいは、不当に厳しい結果に同意するという家族やその他のプレッシャーから被告人を守るというFGCで演ずべき重要な役割を持つことができる。彼らは、もしも、一般的なアドバイスが、その手続きと代替物について必要とされるならば、その他の出席している人々への重要な手助けともなり得る。しかし、一般的に、彼らの役割は協力的で、控え目であるべきである。

このプロセスで重要なものは、責任の受けいれが、裁判所で行われる抗弁の儀式の中でなされるのではなく、若い犯罪者の弁護士、家族、被害者と、その他のコミュニティの代表者の面前で、FGCでなされるということである。同じことが、成人についても理想である。

結論

法律制度は、プロセスとしてではなく、ゴールとして正義を促進すべきである。調和は、他の人たちへの敬意の姿勢、犯罪によって引き裂かれたコミュニティの裂け目を修理しようという願望、および、法律がすべての人々の利益のためにあるという信念を含めて、多くのことを必要とすると、私は、示唆する。従って、立法者は、公正な体制を促進しようと努める責任がある。

司法のように、コミュニティでの調和は、常に不完全にしか達成されないであろう理想である、しかし、それは理想の本質である。究極的には、われわれは、どれほどそのような理想に配慮したかと、それを増進するために何をなしたかによって判断されるであろう。正義（司法）を求める熱望は、非常に深い。それは消え失せないであろう。修復的司法は、世界に、ざんげと容赦、慈悲のある司法、および、神の愛の治癒力を提供する。これらは、すべての人々が分け合うことのできる理想である。もしも、コミュニティに本当の責任の自覚があるべきであれば、われわれは、正義の精神が息をする（生きる）時である。

註

1 "The Youth Court in New Zealand: a New Model of Justice"(B.J.Brown and F.W.M.McElrea編　一九九三年 Legal Research Foundation刊）に発表。

2 "The Intent of the Children, Young Persons and their Families Act 1989 -Restorative Justice?". 一九九四年二月二五日のニュー・ジーランド若者裁判所協会（オークランド）の若者裁判所裁判官会議のためにオークランドで発表した論文であり "Youth Law Review"一九九五年七・八・九号に発表。

3 "Restorative Justice -The New Zealand Youth Court: a Model for Development in Other Courts?". 一九九四年四月六～九日の地方裁判所裁判官の全国会議のためにロトルアで発表した論文であり"Journal of Judicial Administration"4,1（一九九四年八月）に発表。

4 Relational Justice -Repairing the Breach (ed.J.Burnside and N.Baker編，一九九四年 Waterside Press（英）刊）.

5 R.E. v Police, 2 March 1995, AP 328/94, Williamson裁判官。

6 カナダの司法にかんする運動家であるDr.Ruth Morrisによれば「よいけれども修復的司法は充分ではない」なぜならば修復されるべき調和された状態があることを前提としており、それによって社会に深く根ざした構造的な不正義を無視しているからであるとされる。（一九九五年三月のサスカトゥーン修復的司法会議における彼女の報告書の六七ページを参照。）彼女の代替案は「世界の配分的不正義についても強調する変換的司法」である。最近では彼女は「癒しの司法」について語っており、これはその他の双方を包括した用語である。関係的司法については前掲（註）4のRelational Justice -Repairing the Breachを見られたい。

7 Restorative Justice: Theory, Practice and Research(Burt Galaway and Joe Hudson編 Criminal Justice Press（米）刊）の Julie Leibrichによる章 "The Role of Shame in Going Straight: A Study of Former Offenders".

8 ジム・コンセディーンが指摘したように、「赦しは被害者が犯罪者の利益のためになすようなものではない。それは被害者が不正義への怒りや苦しみを忘れ去る過程であり、それによって彼／彼女は犯罪行為の力（the power of criminal violation）から解放されて生活を再び始めることができるのである」。Restorative Justice: Healing the Effects of Crime(1995年, Ploughshares Publications (Lyttelton) 刊）一六三ページによる。

9 Restorative Justice: Making Things Right（一九九四年 Mennonite Central Committee（米）刊）.

10 これは（註）4の Relational Justiceで以前私が述べた議論の一部である。

11 （註）7で述べたように彼女の草稿の一三ページを参照。

12 メディアは暴力を解決のために用いたり女性を虐待するような再現ドラマ（role-models）を広げることによってひきおこされる暴力事犯や性犯罪のようなある種の犯罪にたいして自分たちの責任を検証しなくてはならない。

13 被告人の予備審問前の有罪答弁の権利すら起源は最近であり一九七六年に導入されたにすぎない — 即決手続修正法（一九七六年）（Summary Proceedings Amendment Act 一九七六）一五条（一）。

14 Dr.Ruth Morrisによって編集・回覧された報告書の第五部による。

15 たとえば記憶喪失。

16 弁護士には被告人が自分たちが何にたいして認容しようとしていてどんな弁護が可能であるのかを理解することを確かなものにするさいに演ずべき重要な役割がある。

17 さらなる改善は部分的に認容し部分的には否認することを支持する公式の装置であろう。民事の中立においては一般に行なわれているのと同様であり、それらの事件では訴追者は争われる部分だけを証明する必要がある。

18 一九八九年の子ども若者およびその家族法四条(f)。

19 私がこの考えを最初に議題に挙げたのは一九九四年六月のオークランドにおける刑事弁護士協会の会合においてであった。そのときは反対がなかったように思われる。そしてその後（註）4の関係的司法の章で明らかにした。

20「我々の職業の責務は、人間の争いの治療者（healer）として奉仕することであると考えられている、あるいは考えられてきた。我々の伝統的な責務を充足することは最小限の時間で、そして最小限の費用のもとにかつ関与する者の最小限のストレスのもとに受け容れられるような帰結をもたらしうる装置を我々が提供すべきことを意味する」。アメリカ最高裁前長官ウオーレン・バーガー。

21 量刑にさいして、しばしば二〇～三〇％の範囲であると認められているような「割引」を与えることによって、裁判所は有罪答弁を進めることにまさに取り組んでいる。しかしながら弁護人の付された事件における無罪の割合はそれよりも高く ― 私の経験では四五％程度 ― 被告人は完全無罪となることを期待してより長期の言い渡しという危険な賭けにでがちである。

第七章　関係の修復＝より良い途

スタン・ソーバーン判事

あなたは、裁判所における犯罪の処理において、次の二つの効果が生じるはずだと考えるであろう。

一　**その犯罪者の変化によって、再犯の危険が減少する**

二　**被害者の価値が認められ、被害者の回復が進む**

しかし、私はこのような効果は、実際には生じないと言う事実を認識することから、出発したい。

これらの目標を達成するより良い方法については、すばらしい見通しがもてる。とりわけ財産犯罪については、そうである（暴力犯罪についてもそうであるが、その分野はより複雑である）。というのは、犯罪者が現在処理されている方法は、統計が示すように、再犯の危険を減少させるよりはむしろ、増大させており、犯罪被害者には一般に何も提供しないからである。

どのようにしてわれわれは、そのような制度を続けることができるのか。われわれがそれを続けることができるのは、憤激と怒りの感情を欲しがるからであり、癒しとか、関係修復ないしは平和的解決といった観念は、重罰についての厳めしい話よりも柔弱でいくじなしのように見えるからである。

われわれは、厳重な処罰が先に述べた二つの効果にくらべてより重要であると見なしており、そのために社会的にもコストの面からも完全に失敗した制度に我慢しているといえよう。

わたくしが裁判官としてある人に拘禁刑を宣告するとき、その人が改善されるという望みはほとんどないという事実を知っている。彼らの当初の犯罪行動に寄与したかもしれない機能不全の態度は、改善されるどころか、悪化することがほぼ確実である。それ故、刑務所の刑期を終えた時点で、その人の機能不全は最初のころよりも、いっそう悪化している。同時に、私は被害者が、犯罪者からも、その制度からも、犯罪のもたらしたものについて何も償ってもらっていないこと、そして比喩的に言えば、おそらくは怒り狂って家に引きこもり、制度によって周辺に押しやられたという感情をいだいていることを知っている。

修復的司法に関して私が好ましいと考えるのは、それが責任の引き受けを語っているからである。責任の引き受けとは、犯罪者に自分たちが行ったことについて、個人的で主観的な方法で責任をとらせることである。拘禁刑の宣告は、匿名性の壁を与えている。犯罪者は一定の期間その背後に隠れており、再び姿を現すと、「刑期は終えた、だから償いはすんだのだ」と言う。刑務所の壁は、被害者に対する直截な責任意識の覚醒を妨げる。ある人の犯罪に対する責任が、「服役とは、時を過ごすことである」という観念によって達成されると考えるのは、フィクションにすぎない。犯罪者でなくとも、ある人が犯罪行動に対する道義的な罪悪感で心の中をむしばまれることは認識できる。そして、こうした罪悪感が払拭されない限り、自己を受け入れたり、自己の行為に対する責任の感覚を有するようにはならないであろう。

このレベルでの罪悪感に焦点を当てずに放置されている限り、犯罪者は心に大きな腫れ物を有したまま、社会へと戻って来るであろうし、早晩再び犯罪が行われるであろう。このことは形而上学的な観念を導くのであり、修復的司法モデルによれば、それこそが社会復帰、更生にとって鍵となる。道義的罪悪感が贖われるまでは、犯罪者は社会復帰を果たすことはないであろう。そうした罪悪感の贖いは、何らかの形で被害者と直接に接触し、謝罪を伝達し、被害者の損失を回復するために実際になし得ることを実行することによってのみ、達成できるのである。

経験は、次のことを明らかにしつつある。それは、犯罪者と被害者がコントロールされた状況 ― コミュニティ・グループ会議と一般に呼ばれている ― において出会う機会が与えられるならば、被害者はコミュニティが予想するほどには応報的でも、復讐的でもないという事実である。犯罪者と被害者とを対面させる過程は、匿名性のカーテンを開けるようなものであり、犯罪者と被害者の生活および環境の現実は、事件の関係者に率直に提示され、さらけ出される。現在の制度では、犯罪者も被害者もたがいに接触しないままでおり、匿名性によって保護されているが、新しい方式ではそうしたことは許されなくなる。

コミュニティの予測以上に被害者は人道主義的な宥恕を示すことがあるし、極端な事例においてすら、ときには赦しを与えようとする ― 被害者が、その犯罪者は悔い改めており、自白することを切望していると判断する場合がそうである。

このように、私は犯罪者と被害者の出会いという発想に対して、きわめて好意的である。もちろん、私はそれが複雑かつ困難な領域であり、真剣なコントロールと適切な監視のもとにおかれる必要があることを知っている。どのようなコミュニティ・グループ会議の制度であれ、訓練され、自分たちの役割を熟知している人々によって指導されなければならない。しかし、もしこれらの要因が具備されるならば、本当の正義が具体的にケース・バイ・ケースで達成される巨大な潜在的可能性があるにちがいない。

たとえば、次のような事例を私は知っている。二人の老人が年金者用のアパートの上と下に住んでいた。上の階の男がベランダの鉢植えに水をやったが、水がしみ出て、下の階のベランダに達してしまった。ある日、下の階の男は堪忍袋の緒が切れた（私の記憶では、彼は洗濯物を干していたように思う）。彼は憤激して上の階に行き、外壁にあった消火用のホースをほどき、上階のアパートの室内に水を注ぎ込み、高い水圧で部屋中を水浸しにしてしまった。二人の男はけんかをし、その結果下の階の男がホースの重いノズルで相手の男に重傷を負わせた。警察は彼を加重暴行の罪で告発した。会議の結果、ソーシャルワーカーの斡旋によって、一方が別のアパートに移ることになった。下の階の男が負傷した側の男に対して弁償することで合意が成立したが、その金額には窓ガラスの修繕の費用も含まれていた。二人の男はけっして親友となったわけではないが、仲直りしたことは明らかであり、環境を変え、弁償による修復を実現したことによって、正義が実現された。その結果、双方とも未解決の問題はもう有しなくなった。

正義とは何か。私は、時折この問題に対する答えが、容易にかつ自然に、当事者の足下に転がっているような事例 — いま述べたのも、そうした事案に他ならなかった — に出会う。そのような事例に特徴的なことは、当事者どうしがコミュニケーションをはかろうとする意思があるということである。このような状況では、国家やコミュニティは果たして関わる必要があるのであろうか。

前述したような事例では、どのようにして良識とささやかな独創によってきわめて満足な結果を生み出すことができるかが容易に観察できる。しかしながら、犯罪の遂行に関する状況の多くは、それよりもはるかに複雑であり、争点も根が深く、永続的であり、犯罪者と被告人の双方にとって、生活を変えるような意味を持つ。しかしながら、こうした複雑さは、より良い方法を試行することを妨げるようなものであってはならない。そして、さほど深刻でない事件で成功が実証できるならば、より深刻な事件で冒険をすることについて自信ができるであろう。

戦慄するような犯罪に直面して、コミュニティが怒り、復讐、そして応報欲求の感情を顕わにすることは自然であるし、そのような態度をとったとしても、誰もコミュニティを非難することはできない。しかしながら、もしそれらが充満することを無限定に放置しておくならば、宥恕についてのわれわれの理解や信念は死滅することになろう。私は、宥恕への信念やそれへの愛着を欠くようになった社会は、もっとも冷酷な社会であると確信する。すべての人が例外なく私の意見に賛成するわけではないであろう。しかしながら、ニュージーランドの社会は、応報的な社会であり、もっと優しい精神が必要であるとみられている（暴力にかんするローパー報告書一九八七年）。応報は、個人に対しても、被害者に対しても、社会全体に対しても、何ら善をなすものではない。それは、優しさの対立概念である。

修復的司法の実験は、公正な結果の追求に対してもっと幅のあるマトリックスを展開しており、このプロセスへの被害者の関与は宥恕とか赦しといった「わけのわからない」観念の重要性を明らかにし始めている。ローパー報告書のいう「より優しい社会」は、決して弱い社会ではない。それは、正義がひたすらに処罰することとイコールであると結論づける前に、一息入れて、ためらいを示す社会である。それは、慈悲を維持するのに十分なほど柔軟な社会であり、それこそがその社会の特徴となっているのである。なぜならば、そのような社会は、それ自身のかかえる諸問題に対して注意を払い、それらに対する責任を引き受ける意思を有するからである。

もし、われわれの刑事司法にかんする哲学が、再犯の減少とならんで被害者の損害の回復をも目標として含ませようというのであれば、これらの目標のいずれも現状では達成されていないという事実を率直に認めなければならない。しかる後に、われわれはより良い方法へと前進することに固執しなければならない。このことは、リベラリズムでもないし、新しい時代のつまらないおしゃべりでもない。それは、正義であり、良識である。

第八章　上訴裁判所の言い分

ジム・ボヤック刑事弁護士

ニュージーランドの裁判所はしだいに修復的司法手続きを考慮するようになり、上訴裁判所が一九九八年六月末にそれを採用する権利を確認した。[1]

被害者と犯人、および彼らと親密な人々が参加する修復的司法会議から始まるこの手続は、犯人に真の責任感を生じさせるものである。被害者およびコミュニティへの犯人の個人的かつ直接の責任は、犯人に再犯を犯させないように思いとどまらせることを目的とする判決において、まさしく重要なものと考えられるようになってきた。犯人に教訓を与えることが新しい意味づけを付与されるようになった。

修復的司法手続きは、被害者が復讐以外にも要求をもつことを認識することによって犯罪の心的外傷に独創的な対処を行う。

被害者は、ニュージーランドでも他の多くの法域においても、これらの手続の中で中心的な地位を占めるようになってきた。被害者の苦痛が第一の関心事になった。被害者の癒しが犯人の処罰と同様に重要性を帯びるようになった。被害者の語られない恐怖心も、なぜ私に対して？　なぜ私の家に？　あなたが私や他の誰かに対して同様なことを繰り返さないということを私はどうやって確信したらよいのか？　というような問いに答を与える話し合いの中で対処される。

ベルファストのウルスター大学のコミュニティ論のデリック・ウィルソン教授は、ニュージーランドへの短い訪問中に、被害者が答えを得ることの重要性を、次のように説明した。「恐れは孤立状態の中で増大する。関係は信頼を築く。赦しは、常に得られるわけではないが、関係構築による思いがけない贈り物である」。

被害者に対して行われた害悪を正すことは、修復的判決の文脈の中では、補償という形で中心的要素として強調される。裁判所は刑事裁判法一一条にしたがって、すべてのケースにおいて補償を考慮するよう義務づけられている。補償は、金銭的損失の回復だけでなく、可能な情緒的・心理的・身体的被害の補償を含むものである。修復的司法手続きは、このような補償を行うのに適当な手段である。

上訴審決定

クロトワージー事件の控訴審は、判決政策にかんする複数の観点を考慮すべきことに注意を促した。判決政策は、一方では一般威嚇としての刑罰を要求し、他方ではひどく傷つけられた被害者と悔い改めた犯人との修復的司法を要求しているのである。判決は、威嚇的判決としての三年の刑を宣告し、二年の執行猶予を付したが、この判決が修復的司法の考え方に一般的な反対を表明するものと見られてはならない旨を明文で示した。

反対に、この判決は、刑事裁判法第一一条および一二条の背後にある修復的司法政策（賠償の提供）を再確認した。被害者の一万五〇〇〇ドルの賠償の申し出にかんして、裁判所は次のように述べている。「実質的な重点はこの次元に与えられるべきであると我々は考えている。とくに、被害者は、その申し出を悪の償いとして受け入れる気持ちになっていたのだから」。フルタイムの拘禁によって補われたものとして、裁判所は、支払われるべき賠償を五〇〇〇ドルまで引き下げた。

クロトワージーは、ひどく酔っていて、通りすがりの被害者を六回も殴っていた。この攻撃は挑発されたものではなく、彼自身あとで説明のつかないものであった。被害者は輸血を必要とし、集中治療室で二日過ごさなければならなかった。一つの殴打は致命傷になりかねず、生涯残る醜い後遺症を負った。最も大きな傷は背中に二七センチにおよび、緊急手術が必要であった。

被害者は整形手術を望んだ。「起こってしまったことをもとに戻して欲しい」とプロベーション・オフィサーに語ったと報告されている。裁判官は修復的司法会議を提案した。これは、『裁判に代わるもの』によって召集された。犯人の謝罪は寛大に受け入れられ、被害者は、彼の要求を会議で犯人に繰り返して伝え、貧しい犯人は、若い家族とともに手術代を払った。被害者は、クロトワージーが拘禁されるべきでないと強く主張した。彼が仕事をもっていてこそ補償を支払えるからである。

そこで地方裁判所のソーバーン判事は、一万五〇〇〇ドルの補償と、執行猶予つきの二年の判決と、二〇〇時間のコミュニティ・サーヴィスを命じた。司法次官の上訴の要点は、犯行はあまりにも重大でこのような短い判決に適さないということであった。裁判所も同意見であった。

それにもかかわらず控訴審のティピング判事は、修復的司法政策を支持して次のように語った。とりわけ重い暴力事犯を扱う刑事裁判法五条に照らして、他の司法政策と比較するのが適当である。五条が優位を占めるならば、と裁判所は次のように語った。「修復的観点はここでも裁判所が科すべき刑務所収容の期間に重大な影響を及ぼすことが許される。修復的観点は、究極の結果を見据えているからである」。

抑止

クロトワージー事件で修復的司法を判事が考慮すべき重点として合法化したにもかかわらず、裁判所は残念なことに、合理的で慈悲深い判決に替えて、従来通りの抑止刑的判決を選んだ。「他者の抑止という公益」を理由に、コミュニティを暴力犯罪から守ることを第一義とした。この政策は、理論的にはコミュニティがどうすればみずからの安全を最もよく守ることができるかについての世論の反映である。

修復的司法は、コミュニティの安全について、それとは異なった考え方を提供する。それは個々の犯罪者と、個々の被害者が受けた被害と、ローカル・コミュニティに対する複合的な犯罪原因に焦点を合わせる。それは「犯罪によって生み出された被害を補償し、犯罪によって影響を受けたコミュニティにおいて均衡を回復することを目的とする」。[2] 修復的司法は、犯人をコミュニティから排除し続けるのではなく、再統合することを求める。排除すれば人々は危険なものになるという認識に立つ。

修復的司法の支持者は、抑止的判決がその目的を達成することを疑う。そのような判決から教訓を得させようとすれば、犯行をしようとする瞬間に、それが最大の関心事にならなければならない。遵法的市民でさえも、新聞でそれを読んで抑止されるとは限らず、犯人が、犯行を考える時点で、とりわけクロトワージーのように一二時間にわたって大量のウォツカを飲んだ、酔っぱらって非理性的な犯人が抑止される証拠はない。ともかく比較的短い三年の判決でさえ、抑止以上に残酷である。慈悲深いまでに短期であることを示すのは、弁護士や裁判官の気休めにすぎない。

裁判所は我々のために威嚇的言辞を語る。裁判所が正しいと感じるのは、安全への脅威からである。そうでしよう。オーストラリアの犯罪学者ジョン・ブレイスウェイトは一九九四年に次のように述べた。

犯罪にかんする公衆の態度を扱った文献のかなりの部分が次のことを示している。市民は、世論調査などに表現される抽象的な態度では、極端に処罰的で、不寛容であるのに対し、犯罪の背景について詳細を理解したうえで、特定の犯罪者について身近に判断すればするほど、ますます処罰的ではなくなる。

犯罪や犯罪者を身近に感じるようになった者ほど処罰感情を失うというのが正しいとすれば、それは多分犯罪者と犯罪とを切り離すことができるからであろう。彼らの天性は、復讐よりも再犯の防止に向けて犯罪者に直接に影響を与えたいということかもしれない。彼らは犯罪を国家ではなく人間関係に対するものと認識しており、個人やその家族、友人、コミュニティに害をおよぼすものと見ているのかもしれない。犯罪者がこれら被害者の面前で、本当の責任をとることを可能にするような手続きに関与することが、市民の本当の願いであるかもしれない。抽象的に語るウェリントンの賢明な人々（為政者 — 訳者註）にこのような対応を委任することが彼らの本当の願いかもしれない。

ソーバーン判事は他の判決において次のように語る。

裁判にかんしては、より復讐的で無慈悲な処罰への相変わらずのごうごうたる叫びがつづいているが、それにもかかわらず、真実と現実において、犯罪者と深い人格的体験をする人々や、被害者と体験を共にする犯罪者は、共通の理解の尺度を作り、慈悲という強固で捉えどころのない概念をもたらす共通性を見出す傾向がある。

犯罪者と被害者、彼らの直接の家族や友人、（それに、より広いコミュニティも、彼らから修復的司法の経験を学んだばあいには）、彼らはみな、そのような理解から、共同性の認識と慈悲の共有を得るのである。彼らはともに結ばれていることとお互いへの責任を発見し、再確認することができるのである。このようにして、社会的結合が強められ、コミュニティはより安全になる。

クロトワージー事件上訴審は、幾分かこの認識へと進んだが、十分というにはほど遠い。裁判所は、そして判決をする裁判官も、クロトワージーが再犯をするとは信じていないので、個人的抑止は現実の問題ではない。伝統的な判決原則は、修復のための被害者の弁論を大いに包含してきた。クロトワージーの新生児も妻も、よちよち歩きの子どもも苦しみ、他方で納税者は生活保護と拘禁の費用を負担させられている。被害者は手術のための完全な補償を得られなかっただけでなく、彼が被害者を赦したという事実に裁判所が意味ある承認を与えなかったことによって一層の無力感に陥っている。赦しは、被害者が犯罪のもたらした情緒的結果を振り切る過程における解放への第一歩なのである。それはまた犯人にとっても、期待しなかったがゆえに、忘れがたい経験である。それは犯人の責任意識をも強める。それでも裁判所は満足している。裁判所は判決において一貫性と刑事司法制度の統合性を保持しなければならなかったと述べるが、コミュニティは得をしたであろうか。われわれはより安全になったであろうか。

修復的司法へのコミュニティの願望の痛ましい例が一九九八年八月二三日の二〇／二〇テレビ・プログラムで示された。最近のゴアにおける自動車による致死事故がニュースになった。酔っ払った一六歳の少年が彼の車を運転し、よその前庭に突っ込み、そこで遊んでいた七歳の子どもが死亡した。運転者は四年間の刑務所収容を宣告された。車の所有者も当時一六歳であり、故殺の共犯として有罪とされた。後部座席にいた彼も三年間の刑務所収容を宣告された。死亡した子の母親は、子の埋葬前に、事件を起こした若者たちに一言しか語る機会がなかった。母親はインタヴュアーに次のように語った。「彼らは私たちの生活に入り込み、子どもを奪い、逃げていった。彼らは二度と現れなかった。修復的司法が行われる機会はたくさんあったのに」。

この被害者は、飲酒運転の結果について若者に教えることができたはずのことに言及しているように思われる。その教訓は、どんなに長い拘禁よりもずっと教えるところが大きかったに違いない。彼女はまた彼女自身の心の整理のために、これらの犯罪者が彼女の悲しみを学び、それが彼女を救う助けになるような道筋を語りたかったに違いない。

修復的司法へのコミュニティの願望は、次第に多くの裁判官によって認められている。コリン・ニコルソン（勅選弁護人）が、一九九八年八月七日にオークランド高等裁判所判事に任命されたとき、その受諾演説の中で、次のように語った。

私は少年裁判所判事に任命され、修復的司法の実際の適用に心高ぶる興味を覚えています。この分野は今日ここに列席されているフレッド・マッカレー判事と、スタン・ソーバーン判事がニュージーランドにおける輝ける開拓者であります。修復的司法の現実の適用の機会は、高等裁判所ではより限定されたものであることは十分に理解しておりますが、刑務所収容に対置される選択の可能性が、修復的司法手続きによって達せられるような状況を待ち望んでいます。刑務所収容はそれが解決するよりも一層多くの問題の原因となるものですから。

結論

修復的司法は犯罪者を扱う新しい方法を示している。それは万能薬ではないし、そうあろうと意図するものでもない。しかし裁判所は聞き耳を立てている。彼らは応報的な制度が犯罪を抑止することにも、被害者を満足させることにも失敗したことを知っている。犯罪に対する社会復帰的対応は奨励されるべきものではあるが、被害者を無視している。それは、犯人が引き起こした害に対する犯人の責任を最小化しようとしている。裁判所は修復的司法手続きに魅力を感じている。それは、被害者中心的で、犯人の責任を強調するものだからである。

この新しい方法は始ったばかりである。その手続きが完成するにつれて懐疑を転換させ、影響が増している。その目標として、犯罪の減少と被害者の満足の増加がある。修復的司法がこの目標に寄与するならば、今日堅固な制度の中心に向けて進むことができるであろう。その行程には時間がかかるし、誤りも生じよう。クロトワージー事件控訴審判決によって言及された刑事司法制度の一貫性と統合性への関心は、パイロット・プロジェクトが確立され評価されたときには鎮まり、説得的な結果を生み出すことであろう。

註

1 R. v Clotworthy, 15 CRNZ 651 CA.
2 A Restorative Justice Framework, Ministry of Attorney-General, British Columbia, 1998.
3 Police v Taylor and Tucker. 24 April 1998, Auckland District Court.

第九章　修復的司法＝警察の考え方

レレランギ・ランギヒカ警視

はじめに

犯罪を犯すためのなお一層の技能を提供するような環境の中に加害者を戻すことはやめなければならない。このことは単に、少年の犯人にさらに限定されたより重大な犯罪を犯させるためにトレーニングの場を提供している刑務所だけにあてはまるのではなく、犯罪を犯す危険のある家族とともに暮らす犯罪を犯す危険のある少年に関しても言えることである。

マオリはマオリの犯罪を処理することの必要性を認めているし、積極的に修復的代替策の実行に関係する準備をしている。現在の司法システムは全くマオリの役にはたっていない。実際、ワイタンギ審判所に自らの要求を明確に述べているいくつかの部族は自主的な警察権を含む自主的な司法システムを熟考している。

一九六九年に、刑務所収容者の二九％はマオリであった。一九九一年には、この数字は五一％まで増加し、一九八〇年代半ばには刑務所収容者数が倍になったということを考慮した時、このことは犯罪の闘技場におけるマオリの拡大された優勢をはっきりと示している。一九九五年には七万七〇〇〇人のマオリが逮捕された。

私は、犯罪者が裁判官、訴追者、被告人側弁護人の間でなされるゲームの単なるオブザーバーにすぎず、犯罪者が自らの運命をほとんどあるいは全くコントロールまたは支配できないような法廷の前に犯罪者を置くことが当該個人をはるかに枠の外に追いやってしまうことになると確信している。

被害者の痛みに話しかけることの必要性もある。加害者と同様、被害者はある意味で犯罪を処理する司法システムのなかにほとんど入力されてはいない。癒しのプロセスは、なるべく早く加害者と被害者の間に生ずる必要がある。彼らは一緒の席につく必要があり、痛みを除去し均衡を修復するための問題によって選り分ける必要がある。

修復的司法を述べる際、いくつかの鍵となる領域が徹底的に論ぜられる必要がある。

法律

マオリは刑法の形成にはほとんど関わっていない。私が文化的な問題を調節するために修正法を見てきた議会の唯一の法令があるが、それは一九八八年検死官法八条である。いくつかの新しい法律、特に修復的司法に関係するものは、影響を与えるであろう当事者によって広範な協議とインプットを必要とする。

修復的司法のもとでの参加が起こりうる現行法のいくつかの条文が存在する。これらのことは一九八五年刑事裁判法の条文に包含されており、特に同法一六条には加害者側の弁護人が修復的成果のための機会を裁判所に通知することができるとある。一六条は過去においてはまれにしか適用されていなかったけれども、最近では同条は認められるようになり、何人かのソリシターによって実行されている。

修復的司法の含蓄は、注意深く語りかけられる必要のあるいくつかの法的問題を惹起させるであろう。

(a) 加害者は有罪を認め責任を受け入れる必要があろう。後の民事訴訟で、この承認について効力を生じさせないようにできるだろうか。

(b) 一九八五年刑事裁判法五条は暴力的犯罪については拘禁刑を科すとの推定が規定されている。現在、刑務所の中の男性の六一％と女性の四四％が、暴力的犯罪のために服役している。マオリは集会所（マラエ）でいくつかの段階の暴力的犯罪を処理することができると信じている。もしいくつかの他の方針が暴力的犯罪に語りかけるのに役立たないならば、多数のマオリが刑務所に収容されていることへの大きな影響はないであろう。そのような挑戦は刑務所に送られるべき人々や、ディヴァージョンされるべき人々のニーズに合うように法律をいかに修正するかということである。

(c) どのようにすれば、公正な審理、公開の聴聞、そして独立し、公平な裁判所の権利に関する権利章典法に従うことができようか。

(d) どのようにすれば、プライバシー法に従うことができようか。

被害者

癒しのプロセスを語りかけることは修復的司法の必須の部分である。かつて被害者は裁判所の手続の中にはほとんど、あるいは全く位置を占めていなかった。修復的司法は真の癒しのプロセスを実行するためのはじまりを提供する。被害者と加害者の両方を近付けさせると、彼らに、彼らの感情をさらけ出させることが出来るのである。

家族グループ会議（FGC）には、そのプロセスに不満であったと記述されている被害者が高い割合（四〇％）で入っていたということが注目されるべきである。しかしながら、このことはそのプロセスそのものではなく、FGCの設立のされ方についての被害者の不満を反映しているのかもしれない。多くの被害者は、例えば、自分たちはFGCが設立された日に参列するよう言われる最後の人間だというように、自分たちがFGCを設立することについて考慮に入れられるか相談される最後の人間だと思っている。

文化的にふさわしい場所（マラエ）で開くことが考慮に入れられるということには、マオリの儀式に精通していない被害者には容認できないかもしれない。被害者を裁判所に出廷させ、そしてFGCに出席させるという困難さがあり、また、集会所はマオリの犯罪者を処理するためのふさわしい場所ではあるだろうが、ヨーロッパ人のような中心的な被害者集団は出席することを非常にいやがるにちがいない。従って、今後の修復的司法のプロセスにおいて、被害者を考慮に入れることが、被害者と加害者の和解のための中立的な場所の確立へとつながっていくことだろう。

癒しのプロセス、賠償と社会復帰が加害者よりか、または被害者よりかという点で異なる考え方がある。私の将来の展望から、人が犯罪の将来性を示すプロファイルを携えている少年の加害者を見るとき、私はその少年の更生を強調することに賛成する傾向にあるだろう。私の論理は単純で、もしそうしないならば、この少年はおそらく将来多数の被害者に対し責任を負うことになるだろうということである。

被害者たちの間での満足のレベルは賠償金、鍵となる質問への回答、そして彼ら被害者全部の決断に本当に関与するための権限を与えることに依拠している。修復的手続は設立のプロセスの間これらの要求を盛り込むことが必要である。

修復的司法の財政

現在のシステムの費用は考慮される必要がある。オークランドでは、マウントイーデン刑務所の受刑者一人を維持するため年間三万七〇〇〇ドルの費用がいる。マウントイーデン刑務所の精神医学の部門にいる同じ人間を維持するのには一〇万七〇〇〇ドルがいる。警察の留置場に収容されている勾留された被疑者・被告人は年間三万五〇〇〇ドルの費用がかかる。家族グループ会議には一一三三ドルの費用がかかっている(一九九五年の数字)。

修復的司法は数週間以内に事件を解決する、ところが、現在の裁判所に係属する事件では、軽犯罪のような最も軽微な事件でさえ、政府と犯罪者が莫大な費用を費やして裁判所において解決するには一二カ月以上もかかることがある。刑務所の中で二人の受刑者を一年間収容する費用は、ニュージーランド国内で唱導されている修復的司法のプログラムの多くの費用を十分にカバーすることができる。

予算と財源は、危機にある家族と危機にある少年のような領域をカバーして、中心となる政府部局統合計画につけられてきている。私は、現在、担当分野の目的のためにこれらの財源を使っている省が、ほとんどないという意見を持っている。将来、政府のいくつかの省はこの領域を担当することになるであろう。

莫大な金額が罰金制度と『警察段階の公判前ディヴァージョン計画』にかけられている。『警察段階のディヴァージョン』で受け取った金額の配分を眺めるとき、おそらく、この金額は特定の修復的プロジェクトに使用するはずのものである。

この領域での鍵となるのは、たぶん、『より安全な都市評議会』または『より安全な部族都市評議会』の傘のもとで、いかにして予算管理グループが、個人的な領域の中に財政計画によって要求された金額と財源を探し求め見つけることができるかという、政府省庁間での財源の共同利用である。

加害者

加害者は自らの見解を示しうることが必要である。通常、加害者は法廷のオブザーバーであり、そして、その日の最後に判決を聞くために見物人の中に被害者と一緒に加わるのである。一九九四年、加害者の五〇％が被害者と会っておくべきであったと感じていた。

早い段階の干渉は至上命令である。いったん、加害者が刑務所のシステムの中に入ってしまえば、修復的な過程の費用は更生の可能性がますます遠のいてしまうために非常に増加してしまう。より年齢の高い初犯と再犯の加害者のために刑事施設収容を利用する一方で、この修復的司法の目標となる領域はわんぱく年齢から二〇歳までにすべきである。もし加害者が刑務所に入れられるという直接的介入を受けることになると、加害者自らが犯罪と距離を保つことが困難になるし、その結果、加害者は再犯者となるプロセスの構成部分となるであろう。

警察

多くの経験をつんだ警察官は加害者を処理するためには狭い了見しか持っていない。警察官は裁判所を通じて現在のシステムを維持することを好む。警察官は、誰もが逮捕からパロールまでの間同じ扱いを受けるべきであると考えている。ディヴァージョンに屈服することでさえ何人かの警察官にはむずかしい。

警察段階での成人の公判前のディヴァージョン計画は非常に成功してきている。しかしながら、いくつかの管轄区の労働量は非常に高いので、警察は加害者のニーズをより深く探索する時間がほとんどないし、適当な目こぼしをしている場合は別として、潜在性ある常習犯を確認してきたことはほとんどない。オークランド中央署では年間約一七〇〇人または一週間に三三人の割合でディヴァージョンをしている。

国内のあらゆるところの警察管轄区の多くの警察官は、管轄区のニーズに合った修復的タイプのプログラムを持っている。上級警察管理者は、二〇〇〇年治安維持活動モデルに合うよう、これらの独創力を支えるために活動している。

犯罪

議論は修復的プログラムで処理すべき犯罪と裁判所の管轄で処理すべき犯罪の間のどこに線を引くかということである。マオリは、家族における家庭内暴力が加害者の統制を行うために家族と部族を利用することによって引き裂かれた家族を癒すという集会所プロセスで処理できると考えている。

もし別のアプローチが暴力犯にとられない場合は、拘禁刑の割合というものはニュージーランドにおいては重大な影響はない。

重大な犯罪の被害者はしばしば、自らが加害者と共に解決したいし、しかも被害者のさらなる回復が修復的プログラムに接することを否定することで損なわれうるという問題意識を持っているということをいくつかのグループは示している。強姦と近親相姦に関して、加害者と直面するための機会と、有罪と責任を表現するという加害者の経験は最大の能力を付与されうる。家庭内暴力の事件における仲裁は、一緒に生活し続けたいであろう、あるいは親としての役割を通じて責任を前に進めることを分担し続けたいであろう被害者と加害者のニーズを話し合う際の重要な手段になるにちがいないと言うことも示唆してきている。

国民の姿勢

成功した修復的な過程を体験してきているマオリと南太平洋の島々の民族は、変更の必要性を正しく評価している。問題は、官吏と警察官を含むその他の国民にこのタイプのシステムの適切さを納得させることである。国民は、犯罪の根底にある原因は個人よりむしろ社会であると信じている。これらのことは失業、貧困、教育の欠如を含んでいる。しかし、国民の加害者認知はしばしば暴力的常習犯のことであり、彼らは犯罪の予防のために拘禁刑を要求し、加害者からの安全を彼らに供給する。本質的に国民は厳しい判決を望んでいる。国民の姿勢を変える鍵は、加害者が被害者に損害を補償するという概念とコミュニティが信ずるプログラムに参加することが当該人物をコミュニティの中の建設的な地位に戻すよう指導するであろうということである。修復的司法の主な推進は若者に向けられるべきではあるが、私は修復的司法に関して年齢制限をすべきではないと信じている。

結論

(a) マオリにとって、現在の司法システムは機能していない。彼らは修復的な過程の使用を探求することを望んでいる。このために各々の領域にとってふさわしいような修復的司法の形式となる必要がある。田舎の環境でうまくいくかもしれない計画が都会の環境には適していないかもしれない。

(b) マオリはすでに司法システムと治安維持活動の中により多くの参入を要求している。少なくとも、ある部族はワイタンギ審判所に対して主張した彼らの土地に包含された独立した司法システムを注視している。このことはおそらく、彼ら以外の場所に対しての不満の反映であろう。

(c)こうした特別のプロジェクトを実施する際、それを機能させるための運営と予算を含んだ、情熱と必要な技術をもって人々を使うことが重要である。

(d)財源なくしてはこれらのプロジェクトを成功させる者はいない。

(e)修復的司法が機能するようなプログラムの一助となれる政府の部局を納得させる必要がある。従って、実施された実験計画にとって、そうした計画の実行可能性を外部から証明することを厳密に監視し評価するということが必要になるであろう。

(f)修復的な過程は、結局はよりすぐれた司法システムを伝えそして有効にそうするために、そのプロセスの能力を論証しなければならない。早い時期に成功は起こるであろう。しかしながら、おもな進展は長い期間中で成し遂げられるだけであろう。

(g)アルコールと薬物の乱用は、それらが犯罪を犯す際のいつもかわらぬ要因であるとして述べられることも必要である。

(h)修復的司法のプロセスにおいて、プロセスの射程外にいるものは誰もいない。鍵となるのは、国家が支配する司法の率先とコミュニティが支配する司法の率先の間のギャップである。

(i)慎重なる法案通過を要する領域は公的情報法とプライバシー法である。一九八五年刑事裁判法の第一六条を含むいくつかの条文は、すでに進歩した修復的司法の仲裁を用いているのである。すでに何人かの裁判官、弁護士、そして加害者はこれらの規定を使うための機会を持っている。

勧告

1　修復的司法は犯罪の危険がある少年、犯罪の危険がある家族そして犯罪者が犯罪を行うことを処理することを含む全ての政府の部局の不可欠な焦点になるべきだ。

2　法は修復的行動が発生するためのいくつかの機会を予定しているけれども、修復的司法を実行するためのはっきりとした方向を与える修正や限定をする必要がある。

3　もし修復的司法が実行可能な選択として政府によって熟考されるならば、変更に抵抗するであろうこれら政府部局の人によって最終的には注意深く世に送り出される必要がある。

4　はっきりと、ニュージーランドには決まった場所に、あるいは指導されてきたいくつかの修復的司法の率先がすでにある。現在、全ての計画は制限された財源を受けており、支援と真の収益と潜在力を確立するための何年かにわたる資金調達を必要としている。独立した政府部局によって評価されてきたこれらの成功したプロジェクトを結びつける施設は、おそらく『犯罪予防ユニット』を通じて、決まった場所におかれることも必要である。

5　政府省庁とソーシャルサービスは修復的司法の率先に財源を供給しサポートすることを委ねられるべきである。

6　これが動くための鍵となるのは、政府省庁、ソーシャルサービス、サポートグループそして個人の財源と働きを最小限にし専門的知識とサポートを最大限にする国民を調整することであろう。

7　修復的司法を実施することは、いかにして成功したプロジェクトが必要な法の変革を伴う間、注意深く評価されうるかそして司法プロセスの中に包含されうるかという長期の戦略になるであろう。

第一〇章　被害者＝陽の当たらなかった人々

アンネ・ハイドンと、ピーター・ヘンダースン

現代の応報的刑事司法システムにおいて被害者は陽の当たらぬ存在であった。被害者らは、仮に二次的原因であるとしても、刑事手続の全てに最も近い所に位置するのに、その存在をほとんど認識されていない。しかし修復的司法の手続においては、被害者は中心的役割を果たす。被害者のニーズは絶大なものであると見なされる。ここでは、被害者を修復的司法の会議に招く際の問題について、テ・オリテンガ修復的司法グループのネットワークコーディネーターのアンネ・ハイドン（以下AHと略記）と、被害者アドバイザーのピーター・ヘンダースン（以下PHと略記）にその個人的見解を聞いた。

修復的司法会議を開く際に、何らかの公式があるのですか？

PH　修復的司法会議を開く際にはその手続がその動力となる、と定義づけるのは望ましくなく、逆に参加する人々が動力と考えるべきである。それぞれの人が自分自身の議題と期待を持っており、それらを会議促進者が認識し調節しなければならない。結果として、会議を進めて行くのはパズルを組み立てるのに似ている。完成した絵が現われるまで、多くの、しばしば複雑な断片を注意深く熟考し、組み合わせなければならない。これ

はときには試練や過ちをもって行われる。しかし強制は決してしない。

初めて被害者と接触する際に考える問題は何ですか？

AH　最初のアプローチは注意深く行なわれる必要がある。もし被害者援助機関や被害者のための裁判サービスや、あるいは、多くは警察だが、これらの被害者を援助する機関が仲介役を果たしてくれたら助かる。つまり、これらの機関が被害者に対し、加害者と会うこともありうるということについて、グループから電話があるかもしれないと注意してくれるのだ。このプロセスを援助するために、各機関の代表者は修復的司法についてもっと知っておく必要があるし、伝えられる情報ができるだけ正確であることを確かめなければならない。これは各機関との電話を通した協議によりなされ、書面の規定に沿って行なわれ、たいていは同日のFAXによって行なわれる。この、〈メッセンジャー〉の教育はかなりしばしば行なわれる。しかしながら、修復的司法の実践者と機関の間に心の通い合った関係が作り上げられるのはいいことだ。これにより、機関が与えてしまう、修復的司法への先入観や間違った考えが減らせる。これにより、結局は修復的司法のメッセージが犯罪被害者に対し偏見のないやり方で与えられる可能性が高められる。

PH　会議開催の要求があった時、私がまず最初に考えることは適切な促進者を選任することだ。利益衝突や、犯罪の性質や、促進者が当事者に不利な見方を既にするようになってしまっている可能性など、もろもろの要素が、促進者が指名される前に考慮される。促進者は会議の使命についてはっきり知っている必要があるし、背後の本質的な情報にアクセスする必要がある。これは様々な事実の要約のコピーや、重要な参加者の詳細に関して正確に接触を図れるようにすることを含む。

民族、言語、性、障害、社会・経済問題等が考慮されるべきである。最初の接触に関しては、もっとも適切で威嚇力のない方法でケアが選ばれる必要がある。繊細で実行力のある導入部が会議の成功には不可欠である。

被害者との最初の接触においてあなたが被害者に対してする事についてどんな問題がありますか。

AH　被害者に対し、修復的司法と会議がどのように行われるかについて伝える。被害者が持ちうるいかなる質問にも可能な限り答えるし、手続についての詳細な情報が書面で彼らに送られる。時間に余裕があればそれらを読んで差し上げることを申し出る。それから再び彼らの家を訪ねるか電話をする。被害者を強制的に会議に参加させたりしないことが本質であると強調したい。さらなる議論をすることで、被害者は参加するか参加しないかについて、情報を与えられた上で選択をする機会を与えられる。

PH　最初の接触に際して促進者が犯罪被害者に伝えるために準備をしておくポイントには以下のことが含まれる＝促進者の身分、会議をする上での自分たちの権限、会議の目的、会議のプロセスとその結果に寄与される犯罪被害者の権利、会議の間に明らかにされる情報に誰がアクセスできるのかに関しての問題、会議のレポートが裁判官に渡され、それが量刑の際に考慮されるという事実、そしてすべての時間的枠組みと期限、そしてその理由について、などである。私の見解では、できるだけ短い時間で会議が終結されるよう努力が図られるべきである。遅延は満足の行かない結果よりも悩ましいものだからだ。犯罪被害者は会議の準備、またはプロセスのいかなる時点においてもその参加を取りやめる権利を持っていることを強調したい。

修復的司法の会議は被害者のニーズに見合うことにどれだけ役立ちますか。

AH　被害者はその経験が有効に使われることを必要としている。彼らは自分のトラウマが認められ、それを表現する機会を必要としている。私は彼らに、会議に参加すれば、加害者と対峙したときに、加害者に対する感情をぶちまける機会が与えられるとアドバイスする。しかし一方で、会議で尋ねられることに関しては彼らに聞かないように注意している。満足のいく結果とはどういうものなのかを被害者に考えさせることは、しばしば役立つということを伝え、彼らの可能性を高める。例えば、もし彼らが金銭的な損失を被っていたとしたら、被害者が加害者に損害賠償を申し立てる際の両者間の連絡の手助けを会議において行うことも可能である。

被害者は加害者に対し直接尋ねたい質問もあるだろう。同じように、もし被害者がそのもともとの被害やトラウマのもととなっている加害者と直接対峙すれば、彼らのこれまでの感情、また現在の感情はより健全に扱われるだろう。泣いてもいいし、言葉で怒りを表現してもいいのだということを強調する。これにより加害者も犯罪の結果を知らされることにもなる。

PH　人々には被害者をそれ自身では被害者と認識する理由はない、これが私が彼らを犯罪被害者と呼ぶ理由だ。しばしば単に「被害者」と簡単に言う傾向にあるが、それは否定的な自己決定につながり、それは会議の第一の目的を危うくする。本当は犯罪被害者に再び力を与えるということだ。犯罪被害者はその信念、感情について権利を持っており、それを理由として非難されはしないということが保証されていなければならない。彼らは常に犯罪によってその権利を奪われ、その結果として個人的所有権を感じるために何度も犯罪について語る必要があるかもしれない。同じ問題について何度も説明することが奨励される。これが会議の重要な利益である。

被害者は量刑プロセスに関して何か言うのですか。

PH　犯罪被害者はその後加害者に何が起こるかについて知りたがる。あるいは自分たちが適切と考える処罰の種類に関して強い見解を持っています。裁判所で選択しうる広範な量刑の選択について、会議において議論することはもっともだし、これに関して犯罪被害者にその意見を述べさせるようにするのも、もっともだ。しかしながら、促進者の立場からも犯罪被害者は量刑についてその意見を述べる利益を有していないと言える。警察官か弁護士が考えうる結果について話すが、自由質問形式で行われる。

AH　多くの被害者にとっての最大の関心事は、刑事手続の結果がいかなるものであるべきかについての彼らの見解を裁判所が知るのかということだ。被害者がその意見を述べることを禁止されるというよりはむしろ、修復的司法の手続は被害者からその情報について聞き出し、会議の結果の一つとして裁判所に報告するのだ。これにより被害者が刑事手続において端に追いやられることが減らせるし、その状況において何らかの力を取り戻せることを助けられる。彼らが考えるところの正義というのが考慮されうる。これはなぜなら会議のプロセスの間にその結果が認識され同意が得られ、きっぱりとした言葉で裁判所に報告されるからだ。

会議に参加することで被害者には何らかの危険がありますか。

AH　すべての重要な参加者を評価するうえで、次のことが必要だ。犯罪被害者が加害者と会うことで精神的、肉体的に危険な状態に置かれるかということだ。もしこれが考慮されれば、会議の間、また会議の後も被害者が充分なサポートを確かに受けられるというさらなるステップが必要だ。警察も参加するということで安心できるだろう。促進者の選択やその数もこれに影響をあたえるだろう。被害者は自分の安全が最優先されるということを知らされる。彼らはいつでも会議への参加をストップできるということを強調する必要がある。もしそこでの体験が被害者にとってあまりにもストレスを感じさせるものであるなら、また別の会議が召集される。

PH　犯罪被害者が、再び被害者とならないように守られなくてはならない。被害者に対するすべての介入が、被害を受けたことを乗り越えられよう犯罪被害者を支援することに向けられる。望むらくは犯罪被害者が、少なくとも、彼らが犯罪の前と同じ程度の自立を取り戻すようになることである。修復的司法は、この過程を支援することができる。しかしながら、促進者は、犯罪被害者が、被害を受けたことを克服しつつある過程でも、犯罪被害者は強い恐怖や怒りの感情を持ち続けているということを、とくに意識しておく必要がある。促進者が、このプロセスに敏感であって、そして犯罪被害者が会議で彼／彼女の見解をはっきりと断言するよう奨励することをいとわなければ、その会議が、再被害に寄与することはないに違いない。

被害者となったことについて、修復的司法の従事者が気付くべきことを一点に絞ってご指摘いただだけますか？

AH　犯罪によって傷つけられたそれぞれの人が、少なくとも犯罪の影響を受けている間は、一時的に、彼ら自身、あるいは彼らの愛する家族や、所有物あるいは財産に対する気力やコントロールを失ってしまうことを認識することが重要である。たいてい、この無気力が、さまざまな程度で、一時間から何十年もという、はっきりとしない期間続くのです。その無気力は、自主性や自信の喪失、あるいは以前のように、日常活動に安心して参加できなくなるということに現れる。

PH　犯罪を犯すと、その犯罪者は、犯罪被害者を支配していると思っている。その点から、友人たちと親戚、犯罪者を逮捕して告発する警察官と、被告側弁護人のような種々の関係者が、種々の時点で、その事件の支配権を握って、その犯罪の衝撃を付け加え、犯罪被害者に再被害を加えることもある。

修復的司法の促進者は、そのような支配をしたがるこのグループに合流しないように、警戒しなくてはならない。促進者にとって、再被害となる危険を最小にする最も効果的な手段は、犯罪被害者自身が、彼／彼女の参加の条件を支配していることを確保することである。促進者が、会議のプロセスの舵取りについて究極の責任を持っている限りは、その促進者の役割は公明正大である。実り多い意思の伝達を可能にするために、会議に参加しているのではあるが、その会議の内容や結果について指図すべきではない。

第一一章　刑事司法制度内の紛争解決の代替案

クリスティーン・ヒッキー

現行の成人の犯罪者を処理する刑事司法システムは対審構造であり、被害者に代わって、また、より広範な公益を代表する国家と、被告との間のコンテスト（論争）として機能する。

刑事司法システムの基本的なゴールは、あまり明瞭ではない。ニュージーランド法律委員会は、次のように見ている―

・社会を脅かしたり、害したりする社会のメンバーの非難に値する行為から、社会の平和と共有財産を保護すること。
・すべての人々と財産を非難に値する他の人々の行為から保護すること、および
・犯罪者を裁判にかけること。

ある行為を犯罪とすることは、国家が介入し、その人民を守ること、あるいは刑事制裁を科する非難がなされ

る必要があるということにかんして国民の合意が必要である。

検察システムで具体化される、刑法の機能的な目的は、被告が申し立てられている行為を行ったこと、およびこれが刑法に違反する程度に達することを証明することである—事実審裁判の目的は、それが法律に従って証明されるかどうかを確認することである。

ある行為を犯罪とすること、犯罪の捜査、治安の維持、人民の保護と起訴、および犯罪者に対する量刑判決は伝統的に、国家の役割の核心であると考えられている。

刑法の証明された違反の結果は、国家によって科される刑罰である。刑罰の基本的な目的は、一般的に、社会の保護であると考えられている — 刑事司法システムの基本的なゴールと密接に結びついている。量刑判決裁判所は、犯罪の重大性に比例する刑罰を科すものと期待されている。

社会の保護は、刑罰の種々の目的の一つまたは、いくつかの組み合わせの採用によって達成されるかもしれない—犯罪の質と種類、および犯罪者の事情が、通常、いずれの目的を優先するかを決定するであろう。これらは、通常、懲罰を求めるため、（個々の犯罪者と潜在的犯罪者の両方を）抑止するため、無力化（予防）するため、賠償（償い）をさせるため、および再社会化（改善）するために確認される。

刑罰の目的の最初の三つは、しばしば、公共の保護という基本的な目標に、最も密接に関係があると考えられているので、刑罰としての拘禁刑が普及した。最近まで、賠償と社会復帰はあまり強調されてはいなかった。

現在の刑事司法システムは機能しているか？

統計数値は冷静に次のようなことを示している。ニュージーランドの刑務所収容率は世界的に見て非常に高い。アメリカのそれに匹敵する割合である。アメリカは非常に高い水準で刑務所収容を行なうことで知られている。ニュージーランドには一七の刑務所があり、そこには人口一万人あたり一三人を収容している。一九九五年、平均して四〇六九人が拘禁刑を言い渡されている。これは二五六五人という一九八三年の平均値から約五九％増加している。[3] この増加は一部には犯罪が増加したためであり、一部には暴力犯罪に拘禁刑を科すことが増加したためである。[4]

再犯率が高い。一九九三年の受刑者調査では女性受刑者の二八％と男性受刑者の五七％が以前に拘禁刑を体験していたということがわかる。女性受刑者の五一％と男性受刑者の六六％に少なくとも六つの前歴があった。同時に女性受刑者の二六％と男性受刑者の三六％には交通犯罪を除く二〇以上の前歴があった。[5] 刑罰としての刑務所収容は抑止と社会復帰というその目的を達成していないように思われる。

おそらく個人を最も抑止するのは逮捕の確実性であって、刑罰の恐怖ではない。刑務所が持っていたかもしれない何らかの抑止効果は当該個人が最初の拘禁刑を勤めあげた後に失われるということもありそうだ。[6]

マオリと刑事司法システム

マオリの犯罪率と、特にその刑務所収容率には一定の関係がある。マオリの刑務所収容率は高いが、世界中の他の先住民や少数民族のそれに比べて、かなり高いというわけではない。[7] 刑事司法システムに対するマオリの不満についての文書が存在する。このようなことは一九八八年にモアナ・ジャクソンが書いた司法省の報告書である「マオリと刑事司法システム、ヘ・ワイパンガ・ホウ（訳註＝不正義の維持）― 新しい視座」で強調された。訴追にかんする法律委員会の作業にマオリを関与させたことはまた、マオリの多くが現在の刑事司法システムをあまり信用していない、若しくはまったく信用していないように思われるという事実に光を当てた。特に、次のようなコメントがなされた。

・システムは国益を強調しており、個々の被害者と犯罪者のニーズが見逃される可能性がある。被害者または犯罪者はその意見を聞いてもらうことがなかったので、遠ざけられ、品位を汚され、トラウマを与えられる可能性がある。裁判手続を過度に強調することはこの感情を強調する可能性がある。
・刑罰は被害者、犯罪者、ワナウ（家族）の間の和解と癒しに比べて、また、ワカマ（不名誉に感じること、高潔さの喪失）（恥辱）の有効性に比べて不相応な重みを与えられている。
・拘禁刑は多くのマオリにとって無駄で逆効果を招く刑罰である。
・マオリは外来の制度に参加するよりも、片を付けるために、例えば有罪答弁をすることで、その過程からしばしば「身を引く」。
・対審構造の下での勝利は和解や癒しよりも重要である。
・刑事司法システムは、例えば人間よりも（証拠法則のような）手続に集中するという、マオリに調和しない信念に基づいている。
・マオリの中には、ワイタンギ条約はタンガタ・ワエヌア（先住民）に固有の司法システムを受ける権利を保障していると信じる人々がいる。

・刑事司法システムは外来のものなので、マオリの多くはそれについて無知であり、自分たちのために役立てることができない。[8]

被害者

歴史的に被害者の利益は刑事司法システムの中で注目されてこなかった。国家には報告を受けたあらゆる犯罪を被害者と社会一般のために捜査し、訴追する責任があるとされている。被害者の唯一の役割は訴追のための証人のそれである。かくして、被害者は周辺に追いやられ、彼らの利益は社会のより広範な利益に包摂されるのだという批判が生じる。ニルス・クリスティーは、国家は被害者の犯罪者に対する戦いを奪ってきたと主張した。[9]

国家が統制する過程への参加は再被害を負わせ、被害者を当該犯罪を報告しなかった場合よりも悪いところに放り出す、と考える論者もいる。被害者の利益は一九八七年の『犯罪被害者法』によってニュージーランドで認められるようになった。その法が可決されて以来、被害者のニーズを知る機会が増え、『被害者のための法廷サーヴィス』や『被害者支援』のようなサーヴィスが発展してきた。

マオリと被害者の関心はこのように説明され、逆効果を生むと理解される拘禁刑の性質への苛立ちは修復的司法への動きの中で表されてきた。

修復的司法

犯罪を処理する手法としての修復的司法はマオリを含め、多くの文化グループの中心を占めており、または占めてきており、更新された援助を享受している。修復的司法は次のように定義される。

犯罪によって生じる対立の和解に焦点を置くことで被害者と犯罪者を処理し、その対立を引き起こす根本的な問題を解決する方法である。それは同じく、いっそう広く、犯罪を扱う方法で、一般的に合理的な問題解決の方法である。修復的司法の拠り所は、刑事司法機関で承認されているというよりも、犯罪コントロールの主要な場面としてコミュニティで承認されているということである。

ジム・コンセディーンは、ニュージーランドの現行のシステムは、まず、どのように我々がこの犯罪者を罰するかを求める懲罰的司法の一つであると考えている。修復的司法は、どのように我々は、被害者、コミュニティと犯罪者の福利を修復するかを求めるのである。[11] 修復的司法の魅力は、刑事司法の諸目的を、あるいは少なくともそれらのいくつかを、現行のアプローチよりも、より良く達成することが可能であるかもしれないということである。修復的司法は、被害者、犯罪者とコミュニティの利害と関心に、次の方法で同時に返答するかもしれないのである—

・被害者…修復的司法は被害者に支援、現状回復、癒しの機会、そして自らの不服の結果に影響を与える可能性を提供する。

・犯罪者…修復的司法は犯罪者に責任を自覚させ、犯罪者に自分の告発の結果を認めさせ、それに気付くことで再び犯罪を犯すことを妨げる。それはまた、目標を定めたプログラムや再び犯罪を行なうことに寄与してしまう要因に警告するための介入を提供する。

・コミュニティ…修復的司法は、犯罪を減少させ、そして、（文化的、家族的、宗教的、教育的などの）コミュニティを基礎にしたグループを被害者支援と犯罪者を基礎にしたプログラム、およびその他の介入に関係させることによって、刑事司法システムへの社会的信頼を高める。

代替的紛争解決プロセス

犯罪によって起こされた問題を解決するための「代替的」なアプローチをもちいる数種の率先がニュージーランドにある。二つの確立した例が、若年犯罪者のための家族グループ会議（ＦＧＣ）と、警察の事実審前のディバージョンの枠組みである。これらは正式に国家が運営するプロセスである。同じく、多くのコミュニティを基礎にした率先策がある。明らかに、刑事訴追に代わるものとなるかもしれないすべての独創的な方法が、代替的な紛争解決の方法であると特徴づけられ得るわけではない。修復的司法の枠組みの下に使われている代替的な紛争解決プロセスの選りすぐったものを次に概説する。

コミュニティ委員会によるディバージョン試験的プロジェクト

政府の犯罪防止戦略は、他の諸目標の中でも、偶発的な犯罪者が刑事制度と関わるのを最小にして、被害者の利害関係を処理することを狙っています。[12] 政府の戦略の一部として、また、成功が認知された警察の事実審前のディバージョンの枠組みから生じている、三つのコミュニティを基礎にした事実審前のディバージョン・プログラムが試験的な枠組みとして行なわれている、ティマルーに本拠地を置く転換プロジェクト、ロトルアに本拠地を置くコミュニティ責任自覚プログラムと、オークランドのホアニ・ワイティティ・マラエに本拠地を置くワナウ・アフイナ・プログラム。それらのプロジェクトは、修復的司法理論に基づいていて、そして、警察の枠組みの下に考えられるものよりも、より広い範囲の犯罪者と犯罪に拡大することを目指している。それらのパイロットプロジェクトは、裁判所のプロセスから外して、そして、彼等の事件を熟慮し、その犯罪者によって達成されるべき選択肢と仕事を開発するコミュニティの委員会に委ねられる成人の犯罪者を含める。それぞれのプログラムは、それを運営するコミュニティの構造を反映するという点で、他のプログラムのものとは違っている。

警察のディバージョンの枠組みは、起訴に代わるものではあるが、恐らく、代替的紛争解決と説明に適してはいない。しかしながら、試験プログラムは、家族グループ会議のそれに類似しているプロセスを使っている。一九九六年一〇月に公表されたコミュニティ委員会ディバージョン試験プロジェクトの成り行き評価が積極的な結果を報告した。これらの枠組みは、起訴の代替として機能し、代替的紛争解決プロセスをもちいている。

修復的司法グループ

修復的司法での多くのコミュニティの率先がニュージーランド全体に存在する。オークランドにはテ・オリエンティガと、ジャスティス・オルターナティブ（司法の代替）という、二つの修復的司法のグループがある。それは―

被害者、犯罪者と、それぞれのワナウ（地域団体の会議で犠牲者、犯罪者と彼らのそれぞれのワナウ、および両者のコミュニティの重要なメンバーを集めようと努力する。そのような会議は、家族グループ会議をモデルにしているが、しかし、主として若年犯罪者の必要とするものというよりも、むしろ被害者の必要とするものを中心においている。犯罪者と被害者の必要とするものが、被害者の満足と犯罪者の責任の自覚を増すために考慮に入れられている……一般的に、会議の諸勧告が裁判官に対して行われ、そして量刑判決に組み入れられるべきものとして考慮される。

ヘースティングスのホークスベイ修復的司法テ・プナ・ワイオラ（健康の源）と呼ばれるグループが、成人の犯罪者を扱うためにコミュニティグループ会議を使おうと意図して修復的司法プログラムを設立した。そのプログラムは、『司法の代替』や、テ・オリテンガと同様に運営され、また、犯罪者と被害者の自発的な参加に依存するであろう。それは、警察のディバージョンと結合して使われるかもしれない。同様のプログラムの『修復的司法サービス』が、クライストチャーチでも設立された。

これらの枠組みは、国の運営するものではないという点で、『犯罪防止部』の試験的な枠組みとは異なっている。しかしながら、ある程度までは、公式の刑事司法システムと関連して取り組んでおり、ハミルトンでアロハ・テリーによって始められた枠組みのコナ・ウンガクは、『マラエ司法』と説明される伝統的な方法で、性的虐待の問題をマラエで処理している。このプロセスは公式の刑事司法システムと関連するものではなく、常に、被害者によって始められ、そして被害者を癒し、さらに犯罪が犯されることの防止を意図するものである。

結論

修復的司法と代替的紛争解決の独創的な方策に向かうコミュニティと政府の重要な動きが、刑事司法の分野にあり、マオリが、長年にわたってそのような紛争解決の方法を実践してきた。若者司法における家族グループ会議と、警察の事実審前のディバージョンの枠組みの再犯防止活動における成功の認識が、被害者とコミュニティのより大きい満足と、再犯を犯すことをより大きく削減するという、代替的な方策と、いっそう適切な方法を認めて、採用するという方向に向かうという刑事司法システムの動きも存在する。

ある犯罪との関係で尋ねられるべき必要があるのは、何がこの犯罪の解決策として、被害者のために、犯罪者のために、そしてコミュニティのために適切な解決であるのかという疑問が、代替的紛争解決策と修復的司法という表現にある。

ある場合には、適切な解決策が正式の起訴、ある種の事実審前のディバージョン、ある種の会議やマラエを基礎にした解決策、あるいはそれらを混合したアプローチであるだろうということを予備的な作業が示唆する。

しかしながら、代替的紛争解決策、修復的司法と、刑事司法を考える場合に解決されるべき多くの重大な理論的で、実際的な問題が存在する。例えば、修復的司法プログラムが、コミュニティに基礎を置くべきか、刑事司法システムの中に統合されるべきかどうかについての問題は極めて重大である。

プログラムの二種類のタイプのコンビネーションが、一つあるいは、その他のものよりも、いっそう有用であるだろう。もしも、彼らが官僚的になったり、中央のコントロールに従うようになれば、多くのコミュニティを基礎にしたプログラムがその有効性を失うだろう。国家の介入は、マラエを基礎にしたプログラムが提供するようなその他の者の人格やマナ（権威）を危うくすることになるかもしれない。ココナ・ンガクの『マラエの司法』の枠組みのような、平行したものというよりもむしろ、いくつかの別のプログラムを修復的と呼ぶことが可能である。この枠組みは、犯罪者の協力を確保するための伝統的なマオリの絆と儀式に依拠している。

しかしながら、もしも、まったく、プログラムが刑事司法制度の中に統合化されないならば、犯罪者の協力を確保することは難しいだろう。犯罪者が、そのプログラムに参加したにもかかわらず、彼らは、正式の刑事司法システムから危険が続くことになると認識するかもしれない。したがって犯罪者が、平行したプログラムに協力する動機を与えられることを保証することが重要である。犯罪者と被害者の両方の自発的な参加は、マラエでの司法のように、正式の司法システムから分離されるプログラムに不可欠であり、すべてのプログラムに有益であるだろう。

註

1 'Criminal Prosecution',NZ Commission discussion paper,28.
2 Hall,Butterworths Sentencing Guide,1994.
3 New Zealand Official Yearbook,1996,p.213.
4 一九八五年には総計四一万二五二三件の犯罪が報告された。それに比べ、一九九五年には五〇万六三五九件の犯罪が報告され、その中で粗暴犯は、一九八六年の二万二一七二件から一九九五年の四万五四五四件に増加している（New Zealand Now:Crime Tables,August 1996,p.10）。一九八五年刑事裁判法には一九八七年に原則として粗暴犯に拘禁刑を科すことを要求すべく五条が新設された。
5 New Zealand Official Yearbook, 1996,op.cit.
6 Te Ara Hou: The New Wayreport of the Ministerial Committee of Inquiry into the Prison System,1989,p.21.
7 Moana Jackson, Australian and New Zealand Criminology Conference,Welligton,January 1996.
8 'Criminal Prosecution', op.cit.
9 Nils Christie,'Conflicts as Property', British Journal of Criminology 17,1977.

10 'Restorative Justice' Ministry of Justice discussion paper, Wellington,1995,p.6.
11 Jim Consedine, Restorative Justice: Healing the Effects of Crime, Ploughshares Publications, Lyttelton, 1995.
12 The New Zealand Crime Prevention Strategy, Crime Prevention Unit,Department of the Prime Minister and Cabinet,Wellington,October 1994.
13 Letter to the Law Commission from Justice Alternatives, 4 August 1997.
14 Phone call with Kay Whelan, Restorative Justice Te Puna Waiora, 8 September 1997.
15 Meeting between Aroha Terry and Law Commission staff, 31 March 1995.

第一二章　マオリの観点で紛争を解決する

マット・ハキアーハ

序論

ニュージーランドの背景において、最初の開拓者や初期の伝道師は、母国、大英帝国の、そして慈善団体協会と宣教師協会の文化的環境における一連の価値、プロセス、原理、哲学、そして慣行を持込んだ。初期の開発者である彼らは、それは今日の我々が、我々の時代と彼らの時代の両方の産物であるのと同様に、彼らの時代の産物であった。

マオリの観点から紛争を解決することにかんする争点の全体を熟考するうえでは、以下の明らかな質問がある。

(a)本国英国の文化的な環境の影響を受ける前は、マオリはどのようにうまく紛争を解決していたか?

(b)宣教師協会の影響を受ける前は、マオリはどのような適切なプロセスを有していたか?

これらの質問は顕著なものとなって、一世紀もの間そうされてきたようには、もはや注目されないままではいられなくなった。これらの質問を考慮する際には、紛争を解決するよりも先に、これらの質問を私自身の文化

（マオリ）の中で認識することが必要である。例えば、マオリは誰をその初期の紛争解決者と考えていたのだろうか。

マオリ起源の紛争解決

紛争は私たちの社会構造において、ミクロレベルであってもマクロレベルであっても、すべてのレベルにおいて起こるということを理解して、それに関わったすべての当事者にとって平和的な結果を生み出すプロセスが必要である。これが最終の結果でない状況もあるかもしれない。しかしながら、それはすべての当事者が努力した結果でなければならない。

イウィ（部族）、ハプ（下位部族）と、ワナウ（拡大家族）のレベルでのマウイの社会は、それぞれの伝説や神話やことわざに満ちており、マオリは、これらの伝説や神話やことわざから、マオリの人々を古代、現代、そしてまさに今この時代において統治し、導いて来たのである。マオリの神話や伝説そしてことわざは内在的価値を有しており、外在的慣例を生み出している。

部族のトフンガ（聖職者）から力を得た部族のことわざの例としては、アワ族の人々を思い出させることわざがある。

そのことわざは「トゥクア　マ　テ　ワカマ　エ　パトゥ（恥を彼らの罰としよう）」である。要約して言えば、これらの人々は、アワ族の人々なのであるが、彼らはかつてテ・タヒオ・テ・ランギという名のトフンガともめごとを起こした。アワ族の人々は、テ・タヒオ・テ・ランギが魔法を使って彼らの作物を破壊してしまうと考えていたために、彼の禁止力の激しさを怖れていたのである。トフンガの血を流すなどということは慣習に反していたために、地方の島に置き去りにすることによってトフンガを追い出してしまうことが適切だと思われた。トフンガは彼らの手の込んだ陰謀に騙されて、やがて島に一人ぼっちになっていることに気付いた。彼らに気付かれてはいなかったが、トフンガはマウリ（生命力の護符）を持っていた。それによって彼はタニワ（海の怪獣）を呼び寄せ、それに乗り、うまく海を渡ることができた。彼がアワ族の人々とすれ違った時、彼らはまだカヌーで帰る途中だった。トフンガは彼らに対して復讐をしないことを決め、タニワに、彼らには、恥が充分な罰となると語った。

カ　ワカホキア　イホ　エ　テ　トフンガ、「ワイホ　ア　ンガティ　アワ　ハイ　マアアタキタキ　イア　タアウア、ワイホ　マ　テ　ワカマア　エ　パトゥ」

トフンガは、「アワ族の人々に我らをじっと見させて、彼らの恥を彼らへの処罰としよう」と答えた。

一八九〇年にティミワタ・リミニによって語られた。

トフンガが、彼らよりも早く帰ってきていたので、アワ族の人々は、彼が海岸に座っているのを見て、自分たちがやったことを深く恥じた。

このことわざの結末は、当事者のうちの一人にとっては平和的であることが分かったかもしれないが、一方その他の当事者には当然に深い衝撃を残したのであった。この特定の例を分かち合う上で大切なことは、マオリの神話や伝説、そしてことわざが全体としてのマオリの社会に与える衝撃を示すことである。

私が次に説明することによって、マオリの観点からの紛争解決の由来についての洞察を読者に与えることができれば素晴らしいと思う。簡単に言えば、以下のような話である。

ランギヌイとパパトゥアヌクの子どもたちが集まって、自分達の両親にその暗黒の世界を照らす光を与えてあげるには何ができるかを考えた。集まった六人の子どもたちは、タンガロア、タネ・マフタ、トゥ・マタウエンガ、タヒリマテア、ロンガ・マ・タネ、ハウミア・ティケテイケである。

トゥ・マタウエンガは、両親を殺すことを提案したが、他の子どもたちはタヒリマテアを除いては実際に離婚させることを模索した。それぞれの子どもたちが両親を離婚させる決定に同意して、子どもたち全員が離婚させようと試みたが、一人を除いて全員が失敗した。成功したのは、仰向けに横になり足をあげていたタネ・マフタで、彼は両親を離婚させることができたのである。

子どもの中でただ一人両親の離婚に反対だったタウヒリマテア（風の神）は、その後にタネの森に大損害を撒き散らし、タンガラアを海に放り込み、ロンガ・マ・タネとハウミア・ティケテイケにパパトゥアヌクの隠れ家を探すことを強要した。今日でもまだタウヒリマテアは同意してはいない。

タウヒリマテアのとった態度は典型的である。その集団の中で、紛争の解決が主要な目的である一方、すべての構成員が全部の結果に同意するわけではない。それにもかかわらず、反対している者がいても、結果は結果なのだ。このマオリの特定の神話は、マオリの神聖な世界がどうやって紛争を解決したかについての何らかの洞察を我々に与えてくれる。このマオリの神話によって我々は、紛争解決の観点における、マオリの理論をいくつか推定することができる。

紛争解決をとりまくマオリの諸理論

◆ワカワナウンタンガタンガ（家族内の、また家族間の関係）

現在のマオリは西欧流の考え方をする人々とは反対の考え方をする傾向にある。詳細に物事を見たり、詳細に調べたり、発見したり、さらに深く深くつきすすんで行くことではマオリの世界からは知識を得ることはできない。マオリにとっては、あなたは「うわべだけ」ということである。知識はより広いシステムと人々の間の関係から得られる。彼らは彼ら自身の感情や考え方や知性との関係を通して知識を得ているわけではなく、空や土地、海、山、彼らの家族、そして個人より遥かに大きいものとの関係から知識を得ているのである。

個人とワカワナウンタンガタンガとの関係は必須である。マオリが最初に顔をあわせる時、その人々と彼らのそれぞれのワナウ、ハプと、イウイを結び付けるのに多くの時間がさかれる。私の経験から言えば、どんな人と最初に会っても、その人と関係のある人々を少なくとも一人か二人は知ることになるだろうと保証できる。

世界についてのマオリの見方は、彼らはそれがミクロ的であることをほのめかしているにもかかわらず、マクロ的である。マオリの理論の観点からは、個々人は単一の存在としてではなく、より大きな家族制度に属する人として見られる。

求心的な価値基盤にも遠心的な価値基盤にも基づいて働くという考え方は、民族としてマオリが行き残るために、ひいてはさらにその文化が生き残るために、絶対的に必要である。

ランギヌイとパパトゥアヌクの神話に関連して、家族間の、そして家族内の関係の強い意識が存在したのである。ワカワナウンタンガタンガは、紛争解決のために絶対に必要で適切な一部なのである。

◆アコアコ（相談）

マオリの世界では、協議が優先される。それは通常、フイ、すなわち集まることによって達成される。ここで、フイの背後にある原理は、ある問題、あるいは数々の問題を議論するために出来るだけ多くの人を集めるということである。彼らがどんな見解をもっているとしても、彼らが他の人から重要ではない人物と考えられることはなく、彼らのケテ（バスケット）からのタオンガ（貴重な贈り物）と考えられるのである。

昔は、協議の考え方は人々の声と心臓の鼓動を聞くことであった。これは人々に集合させることで、彼らの声が聞こえるようにするものである。残念なことに時代によってこれらのマオリのプロセスは制限されてしまい、現在では自然かつ健全な協議がしばしば不足しているようである。

ランギヌイとパパトゥアヌクの神話では、特に兄弟の間で多くの協議が見られた。

◆ムナコレ（秘密がないこと）

マオリの社会には秘密性などということは存在しない。

幸運にもマオリ・タンギハンガ（マオリの葬式）に参列することが出来た人は、故人に関係のあることのすべてがワイ‐コレレ（弔辞）を述べる人によって語られることを知るだろう。ワイ‐コレレを行なう人は参列者のすべてにそれを聞いてもらう。参列者は少なくても九人で、多くて三〇〇人、あるいはもっと多いと一〇〇〇人以上ということもある。興味深い事実は、弔辞を行なう人によって、いい事も悪い事もすべてのコメントがぶちまけられるということである。差し控えられることは何もないので、故人の全てが参列者全体に知らされるのである。

もう一度、ランギヌイとパパトゥアヌクの神話を考えてみると、その中では兄弟たちは彼らの両親にかんする議論から免除されることはないということに我々は注目してみよう。彼らはそれぞれ彼らの意見を声に出して述べ、それを他の皆が聞いているということを確信しているのだ。

◆アアリア／パンギア（触れること）

マオリは触（さわ）って知ることができる。マオリの人々は触れられるのが好きである。この起源はマオリの創世記に見られる。神話によると、最初のマオリの人が地球から形作られた時、生命の息づきが神様によって小鼻を通して司られた。この状態で、お互いの小鼻の触れ合いがあった。ここに、マオリにとってのホンギ（鼻こすり）の重要性と大切さがあるのである。

マオリ社会では、最初に紹介したトフンガの神話より前にランギヌイとパパトゥアヌクの神話があったと言われてきた。しかし、マオリ社会は、ランギヌイとパパトゥアヌクとの和合のもともとの哲学は再び確立される必要があるという見解に立っている。この再確立の結果は、一番最初のマオリの存在の中で明らかにされている。

マオリの完全な儀式の歓迎に参加すればいつでも、ホンギ、すなわち鼻をこすり合わせをすることに参加する特権が与えられるだろう。この慣例はとくにフイ（集会）とタンギハンガ（葬式）ではっきりと現れる。

◆ワイアタ（歌うこと）

これはマオリの生活における重要な部分である。

このワイアタが始められることで、参加者は歌い手たちの家系上のつながりを垣間見ることが出来る。このワイアタの中には、家系や部族、下位部族、そして家族の歴史の形跡がある。このワイアタの観念は、それがどんな感情であっても、その感情をぶちまけることを人々に許すということである。基本的な用語法では、ワイアタはケーキに砂糖をまぶすこととして理解される。

ランギヌイとパパトゥアヌクは離婚する前に、彼らの子どもたちが、それぞれお互いに対し兄弟としてワイアタをし、また彼らの今や別れてしまった両親にワイアタをすることで、これからも連絡をとることに同意した。

◆ワカタコトランガ（紛争解決）

ワカタコトランガは言葉のうえでは〈断念する〉ということを意味する。しかしながら、紛争解決という脈絡では、この理論は意思決定に適用される。驚いたことに、犯人はその会期中に意見を呈示できず、また驚くべきことに、最終結果に対しても、ほんの少し意見を呈示できるだけである。伝統的なマオリの投票では、息子や娘が投票できる唯一の方法は、彼らの両親が欠席しており、さらに年長の兄弟姉妹が誰も参加していない場合のみである。

結論

母国イギリスと宣教師協会の影響を受ける以前のマオリが、紛争を解決することができたのは、これらのマオリの理論の援助のおかげであった。

テ　ワカティカティカ　ラルラル（紛争解決）

〈プロセスの要約〉
一　カラキア（祈祷）
二　ワイコレロ（テワアアミヒミヒ）（演説）
三　ワイアタ（歌／歌うこと）
四　テワアアワカンガハウ（連絡網と家系図を作り上げること）
五　テカウパパ（手近な話題）
六　テワカヒティヒティコレロ（意見交換）
七　テワアアランギマリエモテトゥパアパク（被害者／ワナウのための議論）
八　テワカワヒリナキコレロ（結論）
九　コレロワカタウ（結果への支持）
一〇　ワイアタ（歌／歌うこと）
一一　カラキア（祈祷）
一二　ハカアリ（食事／祝宴）

第二部

コミュニティ・グループ会議の手続の要約

事例一　フランクが性的虐待を犯した事例

場所＝ローワーハット聖チャド教会ホール
一九九七年三月二〇日

嫌疑の内容
フランクは、その孫娘に対し性的虐待を行った嫌疑をかけられている。未成年者である被害者マリーはコミュニティ・グループ会議（ＣＧＣ）に出席してはいない。

出席者
メーガン　マリーの母親
ジェイソン　マリーの父親
フランク　被疑者（マリーの祖父）
トニー　フランクの一番上の息子
ポール　フランクの一番下の息子
ジョアン　フランクの妻
グラハム巡査部長　警察官

ポーリン　　　促進者

促進者からの皆に対する歓迎の挨拶があり、聖チャッズ教会のホールにて午後七時半にCGCが始まった。自己紹介と祈りの後、会議は始まった。

メーガン　マリーはおびえてはいないわ。マリーは恐怖にうちひしがれているわけではなく、混乱しているの。彼女はおじいちゃんに愛されているし、おじいちゃんを愛している。彼女は彼から素敵な愛情を一杯受けてきた。ある場面において二人の関係が混乱してしまった。彼は暴力的なやり方で彼女を虐待したわけではないわ。マリーは自分がされたことについて、気持ち悪くはなかったが、こそばゆかったと言っていたわ。でも彼女はそれを間違っていると感じていた。彼女がこのことについて語った時、彼女はとても怒っていたし、すさまじい様子で叫んでいたわ。

もうこんなことが二度と起こらないって彼女は確信しているから、喜んでいるわ。彼女はおじいちゃんと今後も、もとの関係を続けることにためらいはないようよ。セラピストも彼女には満足しているわ。セラピストは彼女はもう大丈夫だろうって言っているの。彼女が虐待されたのはこの時一回だけだろうってセラピストは信じているみたい。私はこの虐待が起こった週末がいつだったかを正確に特定することさえできるのよ。マリーはダメージを劇的には受けていない、とセラピストは私に断言したわ。マリーはサポートを受けながら、うまくやって行くと思うわ。

トニー　わたしの妻は妊娠しているんだ。妻は過去に二度流産している。妻には今日の会合に出席しないように言った。何が起こったかを初めて知ったとき、私はがっかりして、嫌悪感を抱いたよ。父は「よき男性」の理想像だったんだ。父はそれを壊してしまった。それはどっかへ行っちゃったんだよ。我々もそれに加担したんだ。これはとても辛いことだよ。それを回復するのは長くかかるだろう。私の結婚生活は歪められてしまった。私は問題を妻に封じ込めてしまったんだ。彼女はこの問題について私から聞きたがっているが、私には話せない。妻にストレスを与えたくないんだよ。

父は問題を抱えているけど、人生をこれからも続けていかなければならない。私にはこれから父をどうしていいか分からない。私たち子どもは、すごく団結した共同体なんだ。私たちは以前にもばかげた問題をくぐり抜けてきたし、いつもそれを切り抜けてきた。父がいたからこそ、私たちは親密な家族でいられたんだよ。父はいつでも私たちが必要とすることは何でもしてくれた。父は私たちを助けるために週末も働いた。私は父が私たちに与えてきてくれた事を考えようと思う。

メーガン　ジェイソンも私も他の人がどう感じているかは分かるわ。お義父さんは孫をだましたのよ。だけど私たちがお義父さんをサポートすれば、彼が今後孫たちと普通の関係を続けることはできると信じてるわ。お義父さんがどんなに反省しているかは分かっているわ。こんなことがもう一度起こるような状況にお義父さんは自分を置かないでしょう。それに家族はお義父さんをサポートするわ。

警察は木曜の晩にお義父さんに接触したの。彼は犯行を否認したわ。土曜日の朝、お義父さんは電話してきて、私たちの所に訪ねてきていいか聞いてきたの。お義父さんはマリーが家にいるかどうか聞いたわ。彼が家に到着した時、私は彼の体に腕をまわしたわ。私たちは取り乱してしまったわ。我々は座って五時間も話しあった。私たちに会いに来るのは彼自身の考えだったのよ。そして彼は妻のジョアンに告白したの。それからお義父さんは警察に電話したわ。警察は彼がこの週末は家族と過ごしてもいいと言ってくれたの。私たちの家で月曜日の朝に警察に行くことに彼は同意したのよ。

ジェイソン　メーガンから始めて聞いた時、私は大きなショックを受けた。二日後、弟のトニーに電話した。それで兄さんもこのことを知ったんだ。私は家族のサポートが必要だった。私は自分について考えてみたんだ。妻は父にすごく悪い感情を持ってたよ。私は父を今でも愛している。これが私の出した結論なんだ。父は立派な人だよ。私の娘は大丈夫だし、娘との関係は以前より一〇〇％良くなった。私はこのことが本当に嬉しい。私は父を愛しているというだけなんだよ。父はもう自分がしたことに対してすでに償ったよ。

メーガン　フランクは自分がした事のせいでどれほど家族が崩壊し、傷ついたかを分かっているわ。

ポール　僕はただただ信じられなかった。父さんがメーガンとジェイソンに会いに行った時、僕はすごいショックだったよ。僕は父さんをすごく愛している。父さんは僕にたくさんのことをしてくれた。この事件のせいで僕の仕事にも支障がでた。僕はしばらくの間逃避していた。地方の海岸に行き、六時間座ってこのことを考えていた。家族がこのまま一緒にいれるといいと思うよ。

ジョアン　フランクは結婚して三六年間ずっと素晴らしい夫でした。私たち家族は愛につつまれていました。私たちはかわいい四人の息子と三人の娘を育て上げました。私は彼を残して立ち去ることはどうしてもできないの。彼のサポートをする準備はできています。

フランク　私はぼろぼろで壊れた人間に過ぎないんです。スミス警官が告訴について私に告げた時、罪悪感が私の胃の真ん中を直撃しました。私は「やっていない」と言ったが、それは真実ではないと認識していました。金曜日には仕事に行きました。もしこのまま否認し続ければ、私の家族は壊れてしまうと決意しました。私の嘘は私の家族を破壊してしまっただろう。私は土曜日の朝にメーガンとジェイソンに打ち明ける決意をしました。

私は自分の妻と息子と娘を愛している。彼らが私の周りにいてくれるなんて、私は幸せな男だ。私は彼らみんなを誇りにも思っている。妻がここ数年ぼろぼろなのが私には今では分かります。マリーにあんなことをして本当にすまないと思います。〔フランクはこの時泣いていた。〕なんて私はばかな奴なんだ。私は職場では強い男を演じていたが、常にこのことを考えていた。私はカウンセリングにかかるつもりです。こんなことをして本当にすみませんでした。みんなにすまないと思います。私がやったことは本当にむごいことだった。カウンセリングでは私が自分について知っていることが多く明らかになりました。私の考え方は他の人の普通の考え方とは違うのです。私は蝿をすら傷つけたくはなかった。なぜあんなことをしてしまったか分からない。私はただただ自分の考え方を変えなければならないでしょう。雑誌にビデオ、私は自分の考え方をすべて変えなければならない。もうこれ以上は私にはチャンスはないのですから。

促進者　あなたは自分の癖を変えられますよ。

フランク　分かってます。今や私次第なのですよね。私は本当に幸運な人間です。妻と私がこれからもやっていけることを望みます。私は妻に対しもっと前向きになります。

巡査部長　私は性的虐待対策班に属しています。私の経験では、加害者は様々な長さの刑期を刑務所でつとめています。私は量刑にかんする勧告には関与できない。それは裁判所が決めることです。我々は証拠を集めるだけです。あなたがたは家族として、フランクのためにできるだけのことをしてきたと知るべきです。

マリーの両親には感銘を受けました、メーガン、ジェイソン、そして彼らの態度にね。フランクは非常に心を開いており、正直でした。これには元気付けられました。フランクは自分の行った行為ときちんと向かい合える、本当の男です。これは私がこれまで経験してきたケースとはかなり違いました。

この事件がコミュニティ・グループ会議に持込まれた時、私は最初懐疑的でした。今ではとてもいいことだと思います、とくにこの家族についてはね。あなた方はとても親密だ。それがとても明らかですよ。私のただ一つのコメントは、あなた方がフランクと共にいてあげることが必要だ、ということです。このＳＡＦＥプログラムはとてもいいプログラムだと思いますよ。

〔グループが裁判所への勧告について話し合っている時に、巡査部長は席をたった。〕

トニー　父を刑務所に入れるのは最善の方法ではない。この状況について知る前だったら、私は「そんな奴ぶちのめせ」と言っていたでしょう。父は自分のやった事のせいで自殺したくなるような気分だったでしょうし、刑務所は父が入る場所ではない。父は毎日、毎分、罰されているのです。父の苦しみは我々を罰します。父は家族が処罰に引き込まれていっているのが分かるでしょう。そのことがいっそう父を罰するのです。父が刑務所にいるのを見ることで、さらに我々が罰されるべきだなんてことはよくない事だと、私は思います。父が刑務所にいってしまうと、私と妻の関係も更なるプレッシャーにさらされてしまいますよ。

ジェイソン　もし父が刑務所に入ったら、そのことは小さなマリーにとっての癒しのプロセスにおいて何ら助けにならないでしょう。父が刑務所に入らなければ、本当の祖父とはどんなことをしてくれるのかを父はマリーに示すことができる。父を刑務所に入れる事で、マリーをさらに被害者にしてしまうことは間違っているでしょう。父はもう絶対再びこのような犯罪を犯したりしないと私は確信しています。父はもうすでに罰されているんだ。毎日母と顔を合わせる度にね。

ジョアン　この事が起こってから、この家で私たちの間に起こったことと言ったら、全くの地獄だったわ。私たちは、死ぬ、その日まで（一生）罰されるのよ。私にはトンネルの先の光りが見えない。私はぼろぼろよ。私たちはみんな被害者なのよ。子どもたちはもう孫を連れてきてくれないだろうし、その事が辛いわ。フランクの名前が新聞に出るだろうって知っているから、私は仕事をやめたの。職場の人々はフランクを尊敬していたし、彼の名前が新聞に出たら職場には留まれないもの。隣人もみな知ってしまうでしょうね。私のためにも、そしてマリーや家族みんなのためにもフランクの名前は公表して欲しくないの。私たちは今すごい痛みと苦しみに悩まされているわ。これ以上誰もフランクと私たちを罰せられないわ。

裁判所への勧告

グループは断続的拘禁および／あるいは不定期刑を勧告し、保護観察官が指示するカウンセリングやセラピーを受ける条件で、二年の保護観察を勧告した。フランクがコミュニティ・サービス（もし望めば監督付きのコミュニティ・サービス）をしなければ、断続的拘禁に付されることになる。

裁判所の決定

裁判所はＣＧＣの推薦を受け入れ、監督に付されることと、一定の条件付の不定期刑を科した。裁判官は通常この種の犯罪には一五カ月の拘禁刑が科されると述べている。

事例二　ヴェロニカが使用人窃盗を犯した事例

場所＝オークランドのコミュニティ矯正事務所
一九九八年四月二六日

告発

ヴェロニカが、使用人としての窃盗罪で告発された

出席者

ヴェロニカ　被告人
トム　告訴人、マウントロスキルのフーファー・スーパーマーケットの代理人
ジャネット　プロベーション・オフィサー
ポーリーン　促進者

序論

被告人は、一九九六年八月六日と、一一月一七日の間に、総額四二七九・〇七ドルを盗んだとして、彼女の雇

用者から「使用人窃盗罪」で告発され、一九九七年八月二九日にオークランド地方裁判所に出頭した。発端から、被告人は、店の所有者に謝って、そして、犯罪を犯したことが発見されたすぐ後に、盗んだ総額を返済するために、彼と打ち合わせをしていた。弁護士は、これを告発した警官と相談をし、そして、このような初犯者にはディヴァージョンが適当であると考えているディヴァージョンの巡査部長と合意をしていた。さらに、別のディヴァージョン巡査部長が、そのディヴァージョンは適切ではなかったと決定したように思われる。事件が、オークランド地方裁判所で、ディヴァージョンを考慮するようにと差し戻され、そして結局は、告発を進めるとの決定が、警察官によってなされた。

これらの状況という条件の下で、任命された弁護士が、修復的司法会議を準備するようと求めた。報告するようにと命じられたプロベーション・オフィサーは、これを考慮して、彼女は、その会議を召集した。

修復的司法会議

基礎的な基本的原則を明らかにすることによって、その会議を開始した。それは、それぞれの当事者が正直に話をすることが必要だということと、出席しているそれぞれの人が、話をしている人に、中断なしで話をすることが出来るように配慮することが必要ということである。

被告人（次のような釈明を行った）

何故、彼女がその犯罪を犯したのかと尋ねられた時には、被告人は、どのように家族の期待が、主として父親の期待が、彼女に盗みを働くようにと圧力をかけたかを説明した。彼女は、彼女の父親と母親が利益を受け取っていた。また、彼らが、文化的・宗教的な義務に伴う出費の余裕がなかったと説明した。ポリネシアの結婚、葬儀などと、教会に資金を供給する義務と、その活動に、彼女の親が受け取った金のすべてを使った。これらの義務は、その上に、彼女の父親に、高金利で金を借りることを余儀なくさせた。かくして、被告人は、電気、電話、家の賃貸料と食料雑貨類を含めて、家のための全ての請求を支払ったうえに、金融会社に清算をさせられることになった。

被告人は、その犯罪を犯した時、彼女の両親、二人の兄弟、一人の姉妹と、ニュージーランドに来ていた一人の従兄弟が同居していたと説明した。彼女は、家にいる必要がある。

彼女は、彼女の家庭で、雇用されている唯一の人間であった、彼女の妹は学生で、彼女の二人の兄弟と両親も失業中であったと説明した。

彼女は、最年長の娘であった、彼女が、家族全体を養うという彼女の父親の要求に屈服していたことを認めた。

告訴人（次のように語った）

その告訴人は、被告が、彼らが合意した基準で負債を返済していたので、事件が裁判所に送られたことに失望したと語った。それにもかかわらず、彼は、被告人には感心していたのに、その被告人が彼から盗みをはたらいたことに、どれぐらい失望したかを述べた。被告人が、学生でパートタイムとして働き始め、その後、彼女が学校を辞めて、もっと多くの金を稼げるようにと、フルタイムで働きたいと望んだことを、彼は、思い出した。彼女は、その時に、家族の状況のために、もっと多くの金が必要であると説明していた。

被告人は、初めから良い労働者であったし、上手に仕事をし、また、スタッフや顧客と上手に交わることの出来る活気に溢れた魅力的な個性を持っていたと原告は語った。彼は、常に、彼のために働いている若い人々に手を貸そうと努力し、また、彼が常に励ましつづけてきた被告人に対して大きな期待を持っていたと、彼は説明した。従って、彼女が、彼から盗まざるを得なかったことには、一層多くの失望をしたと、彼が説明した。

被告人が彼女の家族からの圧力について話したことは本当であったと、彼は会議に語った。彼は、毎給料日に、家族全員が、食料雑貨類を買うために彼女の金を受け取るため、彼女を待っていただろうことに彼自身が気付いていたと述べていた。彼女は、毎週食料雑貨類の支払いをしていたのであろう。

告訴人は、被告人の父親が、彼女に対して強い影響力を持っていたということにも同意した。彼は、彼の観点から、他の少女たちと同じように、彼女自身の衣類の一つや、その他の楽しみの希望を持っている若い女性であることを、彼女の父親は決して理解しなかっただろうと語った。彼は、被告人が、常に、彼女の家族と宗教に忠実であった。また、彼女の家族は、彼らが彼女に加えていたプレッシャーを認識してはいなかったと語った。

告訴人は、不足金があることに気付いた時、それらの理由を調査するために、何時間も働いたと説明した。彼は、被告人は、問いただされた時、泣き崩れて、そして悪いことをしたと素直に認めたと語った。もしも彼女が返済可能であれば、出来るだけ彼女が有罪決定されるのを避けるのを助けたいと決めることが出来たのは、彼女が、彼に、これらを直ちに自認し、心から謝ったからであった。

彼は、彼女を労働者として留めておくことはできなかったが、彼女が仕事に就くことが出来るように、その娘が、被告人の友達であった彼の友人に連絡をとった。この仕事と、その後、被告人が見つけたもっと良い仕事の結果として、被告人は、（すでに）彼に一四〇五・三〇ドルを返していた。それでも、二八七三・七七ドルが未払いになっていた。

被告人

被告人は、告訴人が何度も何度も繰り返した彼の失望を注意深く聞いていた。それから、彼女は泣き始めて、そして、これらの盗みを犯してはならなかったのですと語った。プロセス全体が、多くのことを彼女に教えていた。「私は、父に脅えていました。そして、今では、私はずっと強くなりました」と彼女は語った。彼女は彼女が彼に立ち向かって、彼に、彼女が今何を考えるか話すことができると説明した。しかしながら、彼女の兄弟姉妹は、彼女に対する告発について気付いてはいたが、彼女は、彼女の両親に話す勇気を持っていなかったことを、彼女は認めた。

プロベーション・オフィサーは、家族を養うことについて、最年長の子どもが責任を引き受けなければならないことは、彼女の文化にかんする理解であったことを確認した。彼女は、同じく、総額一五〇〇ドルの被告人の父のローンについて週に五〇ドルの金額を金融会社の一つに被告人が返済していたことをも確認した。この金は、被告人の叔母の葬儀のために使われたものだった。

彼女の家族と被告人との関係

会議にかんする主要な問題点は、彼女の両親、特に彼女の父親と被告人の関係であった。告訴人、プロベーション・オフィサーと促進者は、全員、その両親がこの会議に出席することができなかったことは残念であったということについて同意した。彼らは、彼らの娘に対する彼らの要求の結果を知ることが重要であった。被告人が告訴人に全額を返済する可能性は、その両親からのプレッシャーで抑えられているので、彼らを入れたさらなる修復的司法で扱われるべきであるけれども、しかしながら、この段階で、彼らを入れる事は適当ではないかもしれないと、同意された。

告訴人は、被告人が悪い人間ではなかった、彼女は過ちを犯したのだ、そして彼女がそれを知っていたと語った。彼は彼女が少なくとも五〇パーセントは非難されるべきであり、そして、彼女がそれを認めたことがうれしかったと彼は語った。彼は、彼女の問題にメスを入れるよりも、むしろ、被告人が順調にやっていくのを見たいと望むと語った。彼女は頭が良い若い少女で、彼女の人生で何かをすることができる人である。

被告人は、再び涙ぐんで、彼女の謝罪を繰り返した。

彼女は、彼女が行った酷いことは、告訴人が彼女に持っていた信頼と誠実さを破ることであったと語った。告訴人は、信頼の問題が、失われた金の問題と同じぐらい重要であったということに同意した。もしも、被告人が彼に約束した払い戻しをすれば、彼は、彼女が信頼とそれから学んだことを、毎週お金を渡す時に思い出すことだろうと考えると彼は語った。

「私は、これについて厳しく、そして冷淡であることができた。しかし、あなたは、若い女性だ、そして、あなたの生涯にレッテルを貼る有罪判決をあなたが受けることを望まない」と彼は語った。

裁判所への勧告

決定を棄権したプロベーション・オフィサーを除いて、会議に出席した全ての者が下記の諸条項に同意した。

一　主宰する裁判官に、量刑判決が、六カ月間延期されることを要請する。

二　被告人は、週に三〇ドルの割合で、未払いの金の残りを返済するべきである。これは、できるだけ早く未払いの金を返済する必要を考慮し、それでもなお、代金を支払う被告人の現実的な手段を考慮に入れて妥当な金額であるようにと同意されたものであった。
三　もしも、被告人が、その六カ月の期間、告訴人に返済したならば、告訴人は、六カ月の終わりに、刑事裁判法一九条に従って釈放のための被告人による申請を支持するであろう。
四　告訴人は、六カ月後に未払いの金の残りの徴収が、彼と被告の間にあるであろう、そして、彼がこの負債の執行については民事裁判所を頼りにするだけであることを理解したということに同意した。
五　被告人は、彼女が出来るだけ、彼女の父親の金銭的な要求に抵抗することを試みる。もしも、これを彼女が独力で行うことがあまりにも難しいことを認識すれば、彼女は、さらに、彼女の母と二人が、これ以上の被告人に対する彼による金銭的な要求には、刑事告発を視野に入れて彼と対面することを彼女の母親にアドバイスし、最終的には、刑事告発をするとアドバイスすることを試みる。被告人と彼女の母親が、コミュニティの問題に関して父親が招かれる修復的司法会議をさらに召集することについて援助するための相談にアプローチできることにも同意がなされた。

追加―告訴人は、会議のすぐ後に、個人的に、被告人が、彼に謝罪の手紙を手渡したことを知らせた。

裁判所の決定

被告人は、刑事裁判法の第一九条の下に釈放された。

事例三　デレックが飲酒運転で人を死なせた事例

場所＝ハミルトンのメソニック・ロッジ・ホール
一九九七年一二月六日

起訴事実
デレックは、一九九七年一月二四日、ハミルトン地方裁判所で、三つの起訴事実に対して有罪の答弁をした。起訴事実は、無免許運転、血液一〇〇ミリリットル中八〇ミリグラム以上のアルコール保有で運転し、その運転と関連して、作為または不作為で、マイケルを死亡させ一九六二年運送法五五条（二）（c）に違反し、飲酒の影響下で不注意に車を使用してメーガンを傷害したが一九六二年運送法五五条（二）に違反してはいないというのである。

出席者
ローリエ　マイケル（死亡者）の祖父
ゲイ　マイケルの祖母
メーガン　加害者の妻で被害者

デレック　　加害者
フランシス　加害者の母
ビル　　　　加害者の弁護士
ピーター　　促進者

序論

この会議はハミルトンのコミュニティ・リーダーによって要請された。彼女は、ある家族のメンバーの間で、コミュニティ内で緊張が高まっているのに気づいた。彼女は、それぞれの拡大家族（ワナウ）や家族が修復的司法手続を行う機会を与えられることが、直接の関係者にとっても、より広いコミュニティにとっても利益であると考えた。

修復的司法会議

促進者は、会議を始めるに先立って、カラキア（祈祷師）にお祈りをさせるか、何らかの宗教的儀式を行いたい人がいるかとたずねてから開会した。彼は出席者全員が集まるために大変な努力をしたことを説明し、会議の全過程を通じて、お互いに尊敬し合うことを要請した。促進者の役割は進行に責任を負うことであるが、会議の内容や結果には責任を負わないものと説明された。

参加者全員が自己紹介をした。一人は、自分がマイケルの祖父であること、起こったことは言語に絶すると述べた。彼は、電話で孫の死を知らされたこと、すぐに妻と、彼らの子どもたち、被害者の兄弟や姉妹たちに知らせたことを話した。彼は、こんなことが今後、誰にも起こらないことを希望すると述べた。もう一人は、マイケルの祖母であると説明し、彼と彼の兄弟たちが六〜七カ月オーストラリアにいたとき、養育を手伝ったと言った。彼女は彼のことを純金のような心の持ち主で、釣りと狩りとオートバイと飼い犬を愛するかわいい少年だったと述べた。彼は頑丈そうに見え、彼女は、彼が白いヘルメットをつけて青いオートバイに乗っているのを見るのが好きだった。

加害者の母親も自己紹介した。彼女は、息子がかかわる事故について電話を受け、マイケルが死んだことを初めて知ったときの気持ちを説明しようとした。彼女は、被害者が地域のラグビー・クラブに入っていた頃から彼の母親を知っていたが、あまった食物を残しておいて、マイケルの犬に与える餌をマイケルの家へもって行っていたということは知らなかったと述べた。事故以来、彼女の心臓には三本のバイパスがつけられ、先週の土曜日に退院したとき、マイケルの母に話しかけたいと考えたのだった。彼女は事故について心から気の毒に思うと申し述べた。

加害者の妻は、涙をためて、事故について深く悲しんでいると述べた。彼女は「私が運転していたはずでしたが、酔いすぎていました。まったくすみません」と言った。それから彼女自身の怪我について述べたいと話した。足の整骨、皮膚移植、顔に金属板を入れ、いずれは人工涙腺としてガラス管が挿入されることになるだろうと語った。事故が起こったことはどんなに悲しいことかと、もう一度繰り返した。

参加者一人一人を直接に見ていた加害者は、これに答えて、事故を起こしたことについて、彼も非常にすまなく思っていると述べた。あの晩は運転しなければよかった、と彼は言った。彼はマイケルを知らなかったこと、事故があり、断酒（ＡＡ）ミーティングに出席して以来、酒を止めたことを述べた。マイケルの母は「あなたはアルコール中毒だ」と非難したが、マイケルはそれを認めてうなずいた。

マイケルの祖父は、車には車検がなく、また、犯人が一九九四年以来免許停止だったなんて信じられないと言った。彼は、死亡事故が彼の家族に引き起こしたストレスを静めるよう努めることに責任を感じていると語った。彼は、彼の娘が一時間半ほどハミルトン近辺を運転して加害者を探したと説明した。憎悪と憤りが渦巻いており、彼は、息子たちがあまりにも悲しんでいて、会議に出席できないと説明した。

マイケルの祖母は、「娘が鋼のように緊張している」と言った。彼女は忙しくしていようと努めているが、それでも落ち着けないでいる。マイケルには九歳と一一歳の小さな妹たちがおり、子どもたちがどんなに傷ついているかを気遣って、母親の痛みが増している。マイケルの妹は手紙を書き、その中で、「もしも、私が死んでマイケルが戻ってくるなら、私は死にたい」と書いている。

祖父は、彼がそこにいて加害者と話している理由は、加害者が二度と飲酒運転をしないことであり、それが達せられるなら、会議にきた甲斐があると言った。彼は、マイケルの母が毎日彼の墓参りをしていると言い、「つかれ切ってしまった。これは誰にも十分に理解してもらえるとは思えない」と言った。

マイケルの祖父は三枚の写真を取り出した。一枚はオートバイに乗ったマイケルであり、一枚は自宅で棺に横たわっているマイケルであり、三枚目は墓のそばで悲しんでいる両親であった。これらを出席者にまわした。最後は加害者の手に渡り、彼は会議の最後までそれを持ちつづけた。

マイケルの祖母は、加害者の妻の方を向いて、彼女もかわいそうだと言い、怪我をしたのが加害者の方だったらよかったのに、と言った。保健会社が葬式費用として出してくれたのは一九〇〇ドルだけで、実際には三五〇〇ドルかかったと言った。祖父は、彼の娘と義理の息子が道路わきから遺体を運び出すために費用を払わなければならなかったのに、「君は、オートバイの保険で病院に運ばれた。オートバイ保険は目立つところへだけ支払われるのだ」と怒りを表明した。

祖母は、友人たちが葬式を準備したと説明した。それはマオリの葬式だった。棺は一日半、開いたままだったと。彼女は、またマイケルの小さな妹のことを話した。手紙を書き、棺が閉じられる前にマイケルの髪にブラシをかけたと。

祖父は墓を掘った人々の一人だったと言い、次のように続けた。「孫の墓を掘るなんて悲惨なことだ。怒りが渦巻いている」。また、一晩中眠れず、いつもマイケルのことを考えていると言い、「これが言いたいことのすべてだ。これを言ってすっきりした」と言った。

祖母は、飲酒運転についてもっと厳しく対処することを求めるキャンペーンを援助するために手紙を書いたと言い、「少しの時間でもあれば、あなたは罰せられなければならないと感じています」と言った。

マイケルの祖父母の間のこの会話中ずっと、加害者は身じろぎもせずに席に座り、視線は、一人からもう一人へ、またもとへと動いた。

加害者の母親は、加害者と妻が恐れおののいて、戸を閉じた部屋で過ごしていると説明した。彼女や家族の他のメンバーは、他人から次のようなコメントを求められている、と言った。「彼らは刑務所の中であろうと外であろうと、自分自身の地獄の中ですごしています」と。

妻はマイケルの祖父母に向かって、状況を静めるための努力がより一層の罰を招いていると言った。

祖母は、マイケルが一週間しか仕事ができなかったと、次のように説明した。「彼は餌とハエよけのカバーを持ち、オートバイに飛び乗っていぬに餌をやりに行きました。彼はホテルの支配人である友人と一緒にオートバイに乗っていました。彼が行ったのは彼女のところからでした」。加害者の母は、彼女がモーテルの掃除の手伝いをするようになったのはホテルの管理人を通じてであり、そのホテルで一緒に掃除をしていたマイケルの母親と知り合ったのだと言った。

加害者の妻は事故の当日のことを話した。その日の午後、彼らは一八歳の息子に会うために運転していた。そして海岸でいくらかのビールを飲んだ。別のホテルへ運転して戻り、そこでまたビールを飲んだ。彼女は酔いすぎて運転できず、加害者に運転を任せた。「私は車の中で眠りました。私が運転すべきだったのです」。そして彼女自身と加害者のために言った。「私たちは今後絶対に酒を飲みません」。

加害者の母は、彼女の息子がおとなしく、恥かしがりやで、発音の不明瞭な子だと話した。マイケルの祖母は、それは彼に話し掛けるのに好都合だと言った。彼女は、「そう言っていただいてありがとう」と答えた。

マイケルの祖父は、今朝までは非常に腹が立っていたが、彼に会って自分の気持ちを話してからは、かなり気持ちが落ち着いたと話した。

加害者の妻は、マイケルの両親、とくに母親についてたずねた。祖母は、母親が車を運転して家で加害者を見つけた時のことについて振り返った。その日、彼女はマイケルが死んだ道の傍で、死体の周りのガラスの破片を拾い集めて、一時間ほどを過ごした。そのとき彼女が考えたのは「何かいい復讐はないものか」ということであった。マイケルの墓の側面には、「いとしい息子よ。私はおまえを愛しつづける」と書いてあると祖母は語った。加害者の母は、息子の方に向かって言った。「私は彼を愛していますが、彼は今では殺人者です。彼の妻については、彼女自身の悲劇があります。彼女の最初の夫は自殺し、母も自殺しました」。

加害者は明らかに釘付けになったまま、次々と人の言うことを聴き、大きく眼を見開いた。祖父は言った。

「復讐は簡単だ。今では少し気分がおさまった。家族会議のように ― 真実を語った」。マイケルの祖母は直接加害者に向かって「あなたは罰せられなければなりません。眼には眼をです」と言い、祖父は、「われわれが望むのは今後絶対に繰り返さないことだ。……彼の叔母がマイケルの手を取り上げて、『見てごらん。腕が折れてるわ』と言い、小さい妹が彼の髪の毛を櫛で梳いたときのように、こまかいことも思い出される。これらのイメージは永遠に現れつづけることだろう」と言った。

祖父は、もう憎まず復讐はしない、と言った。祖母は、加害者に「あなたもお気の毒だと思います。けれども、ここにあなたではなくマイケルがいてくれたら、と思います。あなたは二七歳ですよね。りっぱな大人ですよ。自分に責任を持たなくては」と言った。

加害者はこれらの言葉を受け入れてうなずいた。

この時点で招集者と祖父母は部屋を離れ、加害者と彼の家族を赦し、祖父母を通じてマイケルの他の家族にどう提案するかを考えるために協議した。

会議が再開されたとき、加害者は次のことを約束した。

一　服役中、アルコールと麻薬のカウンセリングを受ける。
二　釈放後、常勤の仕事に就けるように、車の塗装と板金の資格を取るために学ぶ。
三　暴力を避けるプログラムを受講する。
四　釈放後も禁酒を続ける。
五　職を探し求める。

六　運転免許を再取得できるようになっても、禁酒の決意を再確認し、釈放後もアルコール・カウンセリングを受け、絶対に飲酒運転をしないという確信を得るまでは、運転免許の申請をしない。
七　拘禁中、オークランドのオデュッセイ・ハウスへの仮釈放を求める。
八　マイケルの祖父母に応えて、もし彼らが希望するならば、拘禁中にどのように進歩したかについて報告をする。
九　拘禁中でも、釈放後でも、将来彼らが希望するときにはいつでも、マイケルの両親や修復的司法の招集者と会う。
一〇　生じたことについて気の毒に思う気持ちを表明するために、マイケルの両親に手紙を書き、かれらが話し合いを希望するときには面会を申し出る。

マイケルの祖父母はこれらの約束を受け入れた。

彼の妻は会議で、断酒会に出席しつづけること、彼女も、マイケルの両親が、事件について話し合いたいと希望するときにはいつでも応じることを約束した。

加害者は皆に対して「引き起こしたことについて、非常に申し訳ないと思っています。決して繰り返しません」と語った。

マイケルの祖父は加害者に対して言った。「君が今日ここにいて、真の悔恨を示している事実は、君自身にとっても、君の家族にとっても、私にとっても有益なことだ」。そして続けた。「君は生きているし、人生を立派に生きる機会を持っている。ベストを尽くしてくれよ。人生を大切にな」。

一二時四〇分頃会議は終了した。

判決

被告人は一八カ月の刑務所収容の宣告を受けた。

事例四　マリーが殺すと脅迫した事例

場所＝マンゲレのコミュニティセンター
一九九六年六月四日

告発
マリーは以下の件で告発された。
(a)殺人の脅迫（一九六一年犯罪法、三〇六条(a)）
(b)合法的ないしは正当な目的なしに銃を所持（一九八三年銃器法、四五条(1)）
(c)酩酊状態で銃を管理（一九八三年銃器法、四七条）
(d)流血に対する警官の要請の拒否（一九六二年交通法、五八条E項（I）(a)）
(e)文書偽造（犯罪法、二六五条）

出席者
マリー　被告人
ロバート　告発人
被告人の両親

ヘレン　　被告人側カウンセラー
ロジャー　　刑事警察官
パウリン　　被告人側の弁護士
ジェームズ　　促進者

序論

殺すぞと脅されたのはロバートで、被告人とは内縁関係にある。被告人は本件犯罪当日、アルコール類販売免許のあるクラブで働いていた。被告人はそのクラブに出勤し、そこでアルコールを飲んだ。そして、告発人と言い争いをした結果、そこから退去するように求められた。訴追された犯罪行為は、警察の事実関係概要書に基づいている。

コミュニティ・グループ会議

会議の冒頭で、促進者は、参加者にインフォーマルな手続きについて説明した。手続きの目的は全員の意見の満場一致を得ることであり、その結果が裁判所に勧告されて考慮されうるということである。

処方箋にかんする文書偽造を含めた、本件の告発内容がこの会議で読み上げられた。そして、それぞれにかんする事実関係の概要もまた朗読された。

被告人は告発と事実の概要は認めたけれども、六ないし八通の処方箋を偽造したという件については異議を申し立てた。

被告人はこの会議で三月一三日の夜における彼女自身の人生上の様々な個人的事情が危機的であり過度のストレスが臨界点に達していたということを説明した。告発人と自分がその認可を受けたクラブで口論となり、その結果自分が非常に怒ったということも、彼女は説明した。彼女は、そのクラブで三、四種類ミックスしたアルコール度数の強い酒を飲んだ。彼女はその酒が彼女を酩酊させるということを知っていたし、彼女は告発人との言い争いのために大変怒っていた。彼女は飲酒によって自分のその夜の行動が大変不穏なものとなることを承知していた。彼女は自分がこの会議に同席しているカウンセラーとのカウンセリングをすでに要望していると言った。そのカウンセラーも、彼女の様々な問題についてどうにかしたいと被告人自身が望んでいるということをこの会議の中で話した。

被告人は全ての出席者、とりわけ告発人に対して、その夜の問題とされた自分の行動を後悔し反省していると語った。告発人はこの会議の中で被告人を許し、過去のことは過去のこととして水に流したいと述べた。彼は、被告人に自分を信じ続けてくれることと、彼が望むことのすべては被告人が援助を受け入れることであると被告人に明言した。被告人は、自分が明らかにカウンセリングを希望しかつ必要としていると認めた。

カウンセラーはこのミーティングで、すでに根の深い諸問題や悩み事に関してカウンセリングにとりかかっていることを証言し、被告人が医療的援助を受けることを助言した。

被告人の母と被告人は、被告人が感じているストレスを引き起こしている要因について率直に論議を尽くして話しあった。被告人が六年間薬物乱用なしに過ごしてきたこと、事件当夜いかなる錠剤も被告人が飲んでいないということを母は認めた。それにもかかわらず、被告人は、時折理性を失うような怒りの感情をもってしまうということも含めて、自分が経験した様々な問題に関してカウンセリングが必要だと認識していた。他の家族や個人的な問題をも含めて兄弟争いのような家族の問題が議論された。

警察官は、被告人が経験した諸問題は、刑事的な問題であるというよりはむしろ医療上の問題であるとし、薬物やアルコールと、精神病的診察を被告人が受けるように勧告した。

文書偽造の告訴に関して、被告人は自分が得たピルは万一の場合、常習性をもたらすようなピルであり、自分はそのようなピルを飲み続けたいとは全く思わないし、自分が偽造した処方箋でそのような錠剤を入手することはもはや決してないだろう、と述べた。

被告人の弁護士は電話でドーソン医師と話をした。同医師は、文書偽造事件にかんする原告である。ドーソン氏は、弁護士に対して、メディカルセンターは被告人の行為によって悪影響を受けたと語った。被告人はその医院の受け付けで責任ある仕事をしてきた。同医師は、被告人がその医院で働いた期間、祖母の死による精神的ストレスの下にあったと自分が知っていたことを認めた。その病院のすべての医師は、やはり被告人が良くなることを願っていた。

裁判所への勧告

ＣＧＣは全員一致で下記のように勧告した。

一　被告人が精神病、アルコール、ドラッグの診察を受けること（被告人の総合処方箋を準備すること）。
二　また被告人は怒りの感情を自己管理するための公的プログラムに出席し、この会議に出席している、ヘレンスビルの女性センターのカウンセラーからカウンセリングを受ける必要性がないとされるまでカウンセリングを受けること。

次回呼び出し時、裁判所において三カ月間再拘留とされる前に、これらの事項を起訴に代わる処置とするよう裁判所に提案された。

裁判所の決定

裁判所はCGCの勧告を受け入れ、マリーを一二カ月間の観察処分の下においた。

事例五　アランとコリーが加重強盗を犯した事例

場所　オークランド、ホーウイックの聖アンネ教会ホール

一九九八年四月二一日

犯罪事実

二三五条(1)(c)による加重強盗。

出席者

アラン・マー　加害者
コリー・バレット　加害者
ローズマリー　告発人
グリーム　告発人の夫
デーブ・マー　加害者の父
メアリー・マー　加害者の母
パウラ・バレット　加害者の母

スー　加害者タイラーの弁護人
ジェームズ　加害者タッカーの弁護人
ジョアン　加害者タッカーのガールフレンド
ハンセン　担当官
グローリア　促進者

はじめに

被告人たちは、一九九八年一月一九日に食料品店で犯した加重強盗の犯罪事実にかんする供述録取書について審理を受け、オークランド地方裁判所で有罪答弁を行った。犯罪事実は、被告人たちが攻撃用の武器、すなわちモデルガンを所持し、強取の目的で告発人に暴行を加えたというものである。警察に逮捕されたとき、被告人各々は事件に関係したことを自認した。二人は一緒に食料品店に侵入し、そのうちの一人がモデルガンを示し、金を要求した。「やめて」と告発人に叫ばれたとき、彼らは直ちに建物の中から逃げ去った。暴行はモデルガンの提示によって成立した。盗られたものは何もなかった。

共同被告人の各々が告発人への謝罪を強く望んでいることが示された後、修復的司法のプロセスが彼らに提案された。

コミュニティ・グループ会議

促進者は基本的なルールを提示して会議を開始した。このルールは、各当事者が誠実に話すことが必要である。

各人が干渉を受けることなく話すことを許すことが必要だということを強調した。さらに、促進者は、会議が三つに分離された段階を有するであろうと説明した。第一段階は、当事者に、実際に何が起って、なぜそれが起きたのかを話すことを許すこと、第二段階は、そこで起きたことによる結果について話すことを許すこと、そして、第三段階は、裁判所によって加害者に勧告される可能性のある結果について深く考えることであった。

その時、これらの出席者は一人一人自己紹介をした。

事実

ハンセン刑事は事実の概要を読んで聞かせた。被告人たちは、それぞれ、これらの事実は適正な概要であることを確認した。二〇歳の加害者のアラン・マーは、彼とコリーが文無しになっていて、金が必要であったことから起こした犯行であったと話した。一八歳の加害者のコリー・バレットは、おなかがすいていて、盗んだ金で食べ物を買うつもりであったと説明した。彼は、自分が家族とトラブルがあり家族との連絡がなかったと説明した。「今回の強盗は、私の人生を真っ逆さまにしてしまった。それは私に価値ある教訓を教えてくれた」。

告発人

告発人は、そこで起こったことが「とても恐ろしい」ことだったと話した。彼女の夫は、自分と妻が一四年間食料品店を経営してきて、このようなトラブルに巻き込まれたのは始めてであると説明した。告発人は、二人の被告人が店に入ってきて、中を見回していたが、彼女は（タバコを買うのを禁じられている）未成年者がタバコを買おうとしているのだと思ったと話した。彼女は、店に誰もいなくなった少し後に、彼らが戻ってきたと話した。彼女は、その会議で、彼女の家族は外出していたが、このようなことが起こることなどを考えたことはなかったが、今では、店にいる時には非常に神経質になっていると、説明した。「以前は、誰が入ってきたか、私は気にかけなかったが、今は気にかけている」。そして、彼女は、「今日からは、私はこの少年たちに会ったことで、よりリラックスできるようになるだろう。加害者たちに会えてよかったが、これによって、我々は少し心が乱されている」と付け加えた。

彼女の夫は自分たちの地域が安全だと思っていたと説明した。何年もまえに彼の友人たちに起こった事件について話を聞いたことがあるが、それはかなり以前のことだったと話した。彼は、友人たちがいくつかの防犯装置を付けていたが、彼らの本当の不安は、誰かがけがをさせられ、傷がなおらないのではないかということであったと説明した。彼は、グレイ・リン地区がスラム街から住み心地の良い地域へと変貌を遂げたのを見てきたと話した。その問題の日には、歯医者に行っていて、店番をしていた妻を一人にしていた。その少年たちが機会をうかがって、かなり長い間店の外で待っていたことに気が付いていたと、彼の子どもたちがその後語った。

告発人の夫は、彼が戻ってきた時には強盗が起きた後で、彼の妻が強盗について彼に話し、そして彼女は大丈夫だと感じたと言ったと会議で話した。軽い犯罪行為が店の中ではたびたびあったが、夫妻はそれを見逃していたのだった。幼い子どもたちが何かを盗み、公園へと走り去ったこともあった。はじめは夫妻が警察を呼ぼうとしたが、警察はとても忙しく、また、しばしば、何もする事ができなかったのである。この時は、警察を呼んだが、彼が電話を置くやいなや警察がそこにきていたと話した。

彼はその日の出来事と妻への気遣いを覚えていた。彼は、犯人たちが戻ってくることもあるので、警報ボタンを押さないほうが良かったと、彼女に話した。彼は、彼女が狙撃されたかも知れないと、彼女に話した。「我々から恐怖が去らず、私は自分の仕事に集中することができない」。この告白で、彼の目に涙がこみ上げていた。「我々は、自分たちの店を売却すべきか、続けて行くべきかを考え続けており、どうすればいいのだろうか決められなかった。しかし、今、君たちと会って、私は君たちが再びそうしたことをやらないだろうと思っている」。

彼は、その事件の後で、防犯カメラを二三〇ドルで購入したということを会議で話した。「我々は店に自分の子どもたちをいさせることが恐ろしい。子どもたちは店の中にいることを怖がっている。私の妻は、少しばかり動揺している。そのような若者たちが入ってきたら、どんなことが子どもたちに起こるかもわからないので、彼女は、小さな子どもに店に入らないようにと話した。彼女が非常に動揺するようになったのは、事件の一、二日後のことであった」。この時点で、彼は、少年たちに、どこに住んでいるのかと尋ねた。一人がオラチアに、他の一人がニュー・リンに住んでいると言ったので、なぜ自分の店を選んだのかを尋ねた。彼らは、アランのガールフレンドが道路のすぐ下の方に住んでおり、その日、彼らが彼女を訪ねて行ったと答えた。

彼は午後三時から七時まで会議で話し合い、忙しい一日を過ごした。こんなに忙しい日があるとは誰もが予想してはいなかった。彼は、こんなことをした人間は薬物中毒者か精神異常者にちがいないということを妻に説明したことを思い出した。

それから彼は、彼らがどんな仕事をしているかを尋ねた。二人とも失業中であったことを認めた。アランは事件の後、仕事を見つけたと話した。

店のオーナー（夫）は会議で、自分と妻はとても勤勉に働かなければならなかったと話した。というのも、彼らは誰にも頼りたくなかったので働かねばならなかったのだった。彼自身は、他に仕事を持っていた、なぜなら食料品店だけでは家族を十分に養うだけの収入が得られなかったからだった。それにもかかわらず、彼は、もしも誰かがお腹を空かせていて貸して欲しいと頼んできたら、そのような人々にはパンや牛乳やバターを与えただろうと説明した。そして、「この忠告は、あなた方が一晩生き延びるために役立つだろう」と語った。

加害者とその家族

促進者はアランに意見を述べるために尋ねた。「私は、あなたが私とコリーに対して、もっと意欲的になるよう期待しています。もしも、誰かが私の顔に拳銃を突きつけたならば、私は、彼らに対して大いに腹をたてるようにと期待するだろう」。彼は、学校の周りにインド人が経営している多くの食料品店があったと説明した。「私は、あなたが仕事をしており、買い物をすることなどもできるが、それでも生活が困難であることがわかりました」。

促進者は話しを続けて、「君たちが、やってしまったことを本当に申し訳なく思っていると話すことが出来たので、この会合は有意義でした。もう、あなたがたは、大丈夫でしょう」、それから、女性の告発人に話しかけ、彼は、「あなたが忘れてしまおうと、私たちに話してくれたことはとても勇気付けられるものでした」。今では、彼は仕事につくことができ、朝起きて仕事に行くことが素晴らしいことだと感謝しています。

アランは、彼とコリーの両方が、もしも、罰せられていれば、再び同じことをしていたかもしれないと理解していたので、彼らが罰せられることがなかったことをうれしく思っていると付け加えた。アランは刑務所に送られるであろうとの強い可能性があったということを認識して、彼は語った、「あなたがたに対して行なったことで迷惑をかけ、とても申し訳なく思います。私たちはあなた方の苦痛がわかっていなかったのです」。

アランの父、デイブは話すよう求められた。彼は都心部の警察に勤めていると説明した。涙を浮かべて、彼は、誰もが彼の肩をたたき、「あなたの息子に何があったのですか」と尋ねられたことはあまり気持ちの良いことではなかったと言った。彼は、アランが多くの可能性を持っており、有能なミュージシャンであったが、まさしくぼんやりと暮らしていたと話した。「そして、あなたのところにたどり着いたことは彼に起こり得た最も素晴らしいできごとです。彼は金曜日の晩は、家に帰らなくてもよいと考えています。このことが彼をそこに留めておいたのです。彼の新しいガールフレンドのジョアンは、彼に良い影響を与えており、彼は落ち着いてきています。

アランの母のメアリーは、告発人と彼女の夫が会議に出席してくれたことに感謝した。「あなた方は、あなた方の立場に追いやった人々を前にしてとても勇敢です」。彼女は夜に、アランが動揺し、寝返りを打ち、悪い夢を見ていると語ったと話した。告発人と彼女の夫に話しかけ、彼女は言った、「あなた方はおそらく同じことをするでしょう」。

加害者のコリーがその後、話した。「あなたが、自分はパンと牛乳を人々に与えるだろうと言われましたが、私はそう感じることができました。私たちはあなたを知りませんでした。私たちは、あなたは魅力的な個性の持ち主であるとは考えませんでした。今、私はあなたと会っています。悪事をたくらんだとき、私たちは一時の感情にかられていました、そしてそれが絶望的な時だったのです。あなたに会ったことは、私に多くの自責の念を覚えさせています。その時、私たちはそのことについて考えていませんでした。店の外に座っていたとき、私たちは躊躇していました。私たちはそれをするかどうかを迷っていたのです。私は今あなた方がより早く落ち着けて、あなたの家で快適に感じることができ、そのような暴行を加えられたことを苦痛に感じられないようにと望んでいます。私はあなた方がどのように感じられるかを理解できます」。

コリーの母、パウラは告発人と彼女の夫に話した、「私たちの息子たちは悪い子ではありません。本当に、中し訳ありません。二つの家族は、自分たちの地獄に行ってきました。誰かに拳銃を顔に突きつけられるということを、私は想像したくもありません。出席していただいたことを感謝します」。

告発官

ハンセン刑事は出席してくれた告発人に感謝の意を表したいと話した。直接少年たちを見て、彼は話した、「金曜日に起こったことから、君たちは何かを学んでいるということを私は望んでいます」。彼が警察官になってから、そんなに子どもたちを支えてくれる親を見たのは初めてであると、彼は少年たちの両親に話した。

この段階で促進者は、参加者に休憩をとり、紅茶かコーヒーを飲むようすすめ、そして、裁判所に対する可能な勧告を議論するための時間をとったのである。会議は一五分間の休憩の後、再開された。

ハンセン刑事は、彼を悩ませている何かがあると話した。彼は、加害の理由が本当に空腹からかどうか、そして、その時、お金を持っていなかったのかどうかを少年たちに尋ねた。彼は、二人には支えとなる両親がいて、しかも、犯行の理由があまりにもあいまいすぎるということがわかったと言った。彼は、犯罪を犯した本当の理由が空腹であったからかどうか、および十代の少年二人が互いに扇動して、その馬鹿なことをやったのかどうかを尋ねた。

加害者

アランは、問題はお金だと言わなかったが、コリーは説明した。「私はその時情緒的な問題を持っていました。私はプロザックを服用していました。私は病的な憂鬱だと診断されました。私は私の家が私の家ではなかったと感じていました。その時から、事態が大きく変化したのです。この出来事が私の家族と私の両方に問題をもたらしました。私が家で多くの時間を過ごすようになる前には、私の親と話をすることがほとんどなかったのです。その事件以来、私は家に戻って生活することを身につけていったのです。つまり、私はまったく異なった価値システムを持ったのです」。

コリーの母親は彼が食べるだけのために家に帰って来たり、あるいは幾晩かは、眠るだけのために家に帰ってこようとすることもあったであろうと説明した。彼女は自分の息子を非常に心配するようになっていた。「私は、自殺をしようとするようにもなっていた」。彼女は、コリーと彼の父親が決して何につけても見解が一致することはなかったと説明した。「彼の父親は、それに対処しようとして、実に嫌な時間を過ごしました。彼は自らをとがめています。彼はこの会議に来るほど十分に情緒的に強くはなかったのです」。彼女はコリーがカウンセリングを受け、また、家族全員が家族カウンセリングを受けていると話した。

アランは、彼もまた、いとも簡単に、疑問を持って彼の母親と父親のところへやって来て、アドバイスを受け、両親に金の無心さえする方法を見つけたと話した。彼は、以前自分自身で生計をたて、ためになることをし、そして独立しようとしていたと説明した。彼は今年の早い時期にうまく職を得ることができたが、電力危機がやって来て、彼は解雇され、そして、もう一度、文無しとなり、彼は彼の両親と一緒に直接その問題を処理することができるようになったのである。

この時点で告発人の夫は、少年たちに何歳か尋ねた。彼らは一八歳と二〇歳だと言った。彼は彼らに、拳銃を所持した少年が店にやって来て、謝罪をしたと言った。それから、もし彼らが逮捕されなかったならば、彼らは自分たちがしたことを白状しただろうかということを、彼は彼らに尋ねた。

アランは、事件の後、彼らの両方ともが自分たちのしてきたことの意味を理解していたと正直に答えた。彼らはストレスを感じており、そして彼は付け加えた、「私はあなたのストレスがそれ以上であったことを理解することができます。あなたは苦しまれたことでしょう。私たちがしたことについて考えることは容易ではありませんでした。私たちはそのことを耐え忍ぶことはできませんでした。今、私たちが再びそのことをするであろう場合に、私はそのことが行われなかったことをうれしく思います。私は自分が犯罪者ではないことを悟りました」。

解決

促進者はそれから、各々の少年たちに、強盗後に導入した監視システムの費用である四三〇ドルを彼らが支払うべきであるということが正当だと考えていると促進者が述べたことについて、彼らができると思っていることを順番に尋ねた。彼らはそれぞれ二分の一を支払うことができた。

商店主が、彼と彼の妻はお金のためにその場所に来たのではないと言った。「私たちは、あなた方が何をしたかを理解するのを助けるためにここにいるのです。私は二一歳と一七歳、一二歳の子どもがいます。あなた方は優しい両親を持っています。あなた方の御両親は傷ついています。私は自分の子どもたちに、自分自身でお金を稼ぐべきだということを教えるようにしています。私は、あなた方がいっそううまくやって行き、そしてより良い少年になりうることを確信しているということを話すために、私はこの会議の席に、あなた方と同席しているのです。

アランが答えた、「私たちはあなたをより安全に感じさせるための償いをすることはできませんが、私たちがしたことのために、私たちはあなたが困った時に手助けをしたいと思います。私たちが行ったことのために、あなた方は自分たちをより安心にさせるために高価な安全設備のお金を支払わなければなりませんでした。

コリーはそれから、彼が店で手伝うことができるということを示唆した。彼は、値札の上に絵を描くことができればうれしいと言った。彼は自分は、全般的なメンテナンスが得意であると言った。「私は、私たちがあなた方に負債を負っていると思っています」。

アランは自分が電気製品を修理するのがうまくて、それで手助けできると言った。

謝罪

アランが付け加えた、「私はあなたに、そしてあなたの子どもたちに正式に謝罪をすることを望みます。私たちのしたことは私たちから両親へとはね返りました。私たちは、この部屋の中の人々の生活にそのような影響をもたらしたりするだろうとは理解していませんでしたし、私たちの親に与えるであろう影響や、あなたの子どもたちに与えたに違いない影響を理解していませんでした。

コリーが言った、「私は本当にすまなく思っています、そして私が起こした痛みを本当にすまなく思います。あなた自身の家に危険を感じたことは恐ろしかったにちがいないでしょう」。アランは、「あなたに会うことがそのことをより以上に現実のものにさせています」と話して、同意した。コリーは、彼が店で行う仕事については、彼の母親がどんな仕事でも監督すると申し出たことを指摘した。店主は、もしも少年たちが店で働くならば、問題はないと、彼らを安心させた。「私は少年たちと共に気持ちよく感じたいのです」。

選択肢

量刑判決の選択肢がこの段階で議論された。アランの弁護人は、保護観察官が自らの勧告で、保護観察付きの拘禁刑の執行猶予にしたいということを助言していたことを指摘した。そして、拘禁刑の執行猶予の発想が説明された。

店の経営者は、彼と妻が拘禁刑の執行猶予に賛成したいと話した。店の周辺の補修を手伝いたいとの申し出について、彼は、本当は必要ではなかったと話した。彼自身が毎週土曜日の朝、店の外側のペンキの塗り直しをしていると話した。

監視カメラの支払いの代わりに、犯罪の情緒的な影響の苦痛からの回復に真剣に取り組んでいる彼の妻のカウンセリングの費用と同等の金額を、少年たちが寄付したいという提案がなされた。彼は、このことが、彼と妻が話し合えることができるものであったと示唆した。

最終的な論評

最後に、促進者によって、参加者のそれぞれが、最終的なコメントをするよう求められた。商店主（夫）は、「あなた方に会えて非常にうれしかった。私たちは自分たちが持っている恐怖から少しは回復するでしょう」。彼（商店主）は、彼らの不安の一つが、もしも、その強盗が刑務所に入れられると、刑務所から出て来て、復讐をするかもしれないということであったということを知らせた。「あなた方に会った後には、我々は、もうこのような不安は持っていません」。

告発人は、少年たちに会って、彼らがどんな家族を持っているのかを知ることができて良かったと話した。

「私は、彼らがこの事件から教訓を得ることができることを希望しています」。

メアリーは、告発人たちに話をする機会を少年たちと彼らの家族に与えてくれたことに対して感謝した。

アランは語った。「あなたがたと同調できて良かったと思っています。もしも、誰かが私に対して銃を向けたならば、そのような人には会いたくなかったでしょう。自分としては、あなたがたに直接に会えて良かった。私たちが食料品店に、単に、強盗を犯したというだけではなく、私たちは一四年間続いたあなたの店に侵入したのです。私たちは押し入り、そして、あなたの仕事の環境をだいなしにして、あなたの店を汚してしまいました。私たちは学びました。私たちが持つべき唯一の恨みは、私たち自身に対する恨みです。私たちはあなた方に対して、恨みなど持ってはいません。あなた方はあなた方自身と子どもたちのためにテーブルの上に食物を置くというあなた方の生活のために働いておられます」。

コリーが話した、「あなたがたがは、勇敢にも、ここに来られました。私は決して恨みを持っていません。私たちはこの経験で謙虚になりました。私は、あなたがたが安全であると感じられることを希望します。私は、この会議が、あなたがたの心痛をやわらげることを望んでいます」。

パウラは彼女の感謝を表明した。「私は、彼らがどれほど愚かであったかをあなたがたに理解していただけるよう希望し、そして、私は彼らが決して再びこのようなことをしないよう希望します」。

コリーの弁護人は、店の経営者の心が変わって、少年たちが店に立ち寄り、何らかの仕事をさせたいと希望した場合のために、少年たちが自分たちの電話番号を店の経営者に知らせるようにと示唆した。それは良い考えだと、彼ら全員が同意した。

裁判所への勧告

保護観察官の勧告に裏書がされた。

もしも、告発人が望むならば、加害者はカウンセリング期間中には奉仕を続け、そして、もしも、食料品店の仕事を手伝うよう電話で要請された場合には、いつでも仕事をするために食料品店に行くよう備えるべきである。

裁判所の決定

裁判所は、二人の犯罪者たちに、二年間の拘禁刑の執行を猶予する判決を下した。

事例六　スティーブンが使用人窃盗を犯した事例

場所＝ベイズウォーターのベイズウォーター・フットボール・クラブ

一九九五年七月一七日

犯罪事実

スティーブンは、一九六一年犯罪法二二七条(b)(iii)にしたがって使用人窃盗で告発された。もしも、被告人側の審問が行われていたならば、五人の民間人の証人と一人の警察官の証人が出廷し、証拠となる会計監査書類が告発を裏づけるために提出されていたであろう。原告は四七九三・九〇ドルの賠償を要求した。

出席者

スティーブン　犯罪者
ピーター　警察官
グリーム　オークランドクラブ代表
フィル　クラブの経理担当理事
ポール　促進者

序論

被告人のスティーブンは、一九九四年九月に法人組織のクラブの委員会によって秘書兼マネジャーとして雇用された。一九九四年末に、五台のゲーム機が購入された。内務省からは、そのような機械の営業について全く許可を得ていなかった。被告人は、内務省が彼にそうする権限を与えたと虚偽の申し立てをして、一九九五年四月にその機械の営業を始めた。約五週間にわたって、その五台の機械から総額四七九三・九〇ドルの利益を上げ、それを被告人が保有していた。

法廷での状況

被告人は起訴事実に対して無罪を主張した。警察官に尋ねられて、彼は、あるべきところにない金は、別にして銀行に預けてあると述べた。彼は告発を否認し、クラブの財産管理は非常にルーズなので、誰でも盗むことが可能な状態であったと述べた。口頭弁論が、コミュニティ・グループ会議を開くために延期された。

コミュニティ・グループ会議

会議の目的は、加害者が行った非行を十分に理解し、その非行を正すよう申し出をさせることである。告発人がそれを望めば、被告人の償いおよび/ないしは賠償の申し出を受け入れるであろう。巡査は告発人に、当会議の結果は完全に彼らの手の中にあることを納得させた。もしも、彼らに満足がいかないようであれば、いかなる申し出も拒否することができるし、そうすれば当該事件は裁判所に持ち込まれることになるであろう。

告発人の見解

クラブの会計係は、クラブの損失は合計一万七四八六ドルであると会議に知らせた。訴訟上の請求額は一万六四一五ドルである。

被告人の見解

クラブの役員が被告人の窃盗を告発した時に、彼はクラブを辞職した。彼はそれまでに総額一〇七一ドルの休日手当を要求していた。それはクラブが、彼に対して未払いとなっていることを認めたものである。被告人は、総額四七九三ドルを自分で保有していたことを認めた。また、彼は洗濯代金として二五〇ドルを保有していることも認めた。彼は、彼が集めた会費をクラブに渡すべきであったことをあいまいなままにしていた。彼は、会費のうちのいくらかを自己のために保有していたことを認めた。

警察は事前に、会費と洗濯費用について起訴するに十分な証拠がないことを認めていた。経理担当理事は、クラブの役員は非常に怒っており、なんとしても起訴してやるとしていたことを会議に説明した。経理担当理事によって提出された書面に示されたように、クラブは多額の金を失った。

議論は、前述の書面で示されたごく小額の損失に、被告人の責任があるか否かについて行われた。もしも、この事件が裁判所に提起されていたならば、四七九三ドルだけが賠償として考慮されることになったであろう。しかしながら、賠償は、被告人の資産の検証と、クラブが無許可のゲーム機で集めた金に気づくべきであったかどうかの考慮に左右されることとなったであろう。

合意

国税庁による支払いにかんする細目は、国税庁が源泉徴収税の未払いとしてクラブに請求した金額であった。クラブが、源泉徴収税を控除していなかった理由は、被告人が、彼が雇用されていた時期に、彼がクラブのマネージャーとしてそれを行い、そして税務申告書をクラブのために準備したいと言っていたからであった。物品サービス税の申告書はまったく提出されていなかった。彼は、その会合で、源泉徴収税が、差し引かれていなかった時から、彼に毎月支払われていた控除額について、クラブの経理担当理事と相談した後に、修正した税務申告書を提出するということに同意した。税務申告書は、毎月の控除額と物品サービス税を加えた数字を書いたものであった。

両当事者間によって、一週間分の給料が未払いになっているとの被告人の主張は不適切なものであるとの合意が得られた。

被告人は自分が加えた被害について謝り、クラブに六〇〇〇ドルを支払うことを申し出た。経理担当理事は、自分には被告人と最終的な合意をする全ての権限が与えられているので、自分が七〇〇〇ドルを受け取りたいと語った。当事者は結局、被告人が、初回は一九九六年七月二〇日まで、毎月一六二五ドルづつ、合計六五〇〇ドルをクラブに支払うことを同意した。当事件の次の招集日に行われる口頭弁論で、警察は、被告人と訴訟代理人との合意によって実体的効果をもつことなく告発を取り下げるであろう。被告人が合意による支払いを怠ったならば、警察に再び告発されることがあるということを理解した。全ての者が合意した。会議はわずか一時間ちょっとで終わった。

裁判所の決定

後に、裁判所において警察は告発を取り下げた。

事例七　バリー　女性に対し暴行を行った事例

場所＝ロトルアにある個人の家の居間
一九九七年七月一八日

告訴

バリーは二人の告発人に対する三つの罪で告発された。その三つの罪とは、女性に対する脅迫・暴行（一九四条ⓑ）、他人に対する普通の脅迫・暴行（一九六条）、および威嚇的な態度をとること（軽犯罪法二一条）である。

出席者

バリー　被告人
フェリシティー　告発人（被告人の妻）
アネット　弁護士
ゴルディー　警察官
ポウル　促進者

序論

このコミュニティ・グループ会議は、警察からの後押しと、被告人のカウンセラーからの要請によって招集された。その理由は、被告人と被害者を会わせ、この犯罪の生じた原因を話し合わせることと、できれば、被告人に対する結論について、この会議の参加者全員から承認を得て、その結論を裁判所への勧告として決定するためである。

コミュニティ・グループ会議

告発内容と事実に関する書面が読み上げられると、被告人は自分の妻を殴ったことについては否認したものの、彼女の腹部を押したことは認めた。その結果、事実関係の概要の一部が修正された。警察官は、上司の承認を条件として、本件の「女性に対する男性の暴行」を「普通の暴行」に下げることに同意した。

被告人は事件の夜の自分の行為に対して後悔していると表明した。彼の妻は、彼女に対して明確に謝罪があったことを認め、彼の謝罪を受け入れたことを明らかにした。また、彼女は彼の暴力がその時以上にひどくなったり、再び同じ事が繰り返されることはないだろうと思うとも語った。

被告人は、もう一人の原告にも、三日前にスーパーマーケットで出会った際に、はっきりと謝罪し、その原告も謝罪を受け入れてくれたことを報告した。その上でさらに被告人は自分の謝罪を文書で記録し、その謝罪文をもう一人の告発人に郵送した。

犯行の背景が議論された。被告人と告発人は、八年間の婚姻関係にあり、六カ月前から別居中であった。婚姻中三人の子どもをもうけた。被告人の妻である原告は、本件のもう一人の告発人である男性と会っていた。この事件が起きたのは妻の家であり、そこにもう一人の告発人もいた。被告人も妻も、その夜、多量のアルコールを飲んでいたことを認めている。言い争いが始まり、被告人が妻を突いた。もう一人の告発人は仲裁に入って、その結果として両者が喧嘩になった。被告人も妻も、アルコールの件が、この事件の習慣的な問題ではないと認めている。

裁判所への勧告

一　被告人は、自分自身のために怒りの処理方法にかんする一二回の訓練を自費で受けること。被告人は、怒りの処理方法の指導員に連絡し、できる限り早くその講習を始めること。

二　被告人と告発人はともに家庭裁判所のコーディネーターによって用意されたカウンセリングを受けることに同意した。両者には六回の無料のカウンセリングが受けられるようになっているが、告発人は、最初は個人的カウンセリングを、そして必要ならば両者同席のカウンセリングを受けるため、必要な接触をすること。さらなるカウンセリングが必要であれば、被告人は自分と妻のためにこのカウンセリングを続ける費用を負担することに同意した。

三　再び、裁判所に召喚されるようなことがあれば、その期間内に、被告人が怒りの処理を完了し、夫婦がカウンセリングを完了しなければならない、一二週間の拘留を求めたいということが、出席者全員によって同意された。

四　被告人がこの計画にしたがって自分の責務を完遂した場合には、彼に対してそれ以上の処罰の必要性がないこと、そして刑事裁判法一九条の規定の下に被告人の弁護士が釈放を求めることが適当であることを、出席者全員によって合意された。

裁判所の決定

裁判官はＣＧＣの勧告を受け入れた。被告人は自分の処遇計画を完遂した。裁判所は、その後、同法一九条の下に被告人を釈放した。

第三部

修復的司法の五つの判決

判決一　ロデリック・ジョイス裁判官　加重暴行

（ニュージーランド地方裁判所オークランド支部）

女王対
ワアタ・タパラウ（エドガー氏）
ユーエン・マコアレ（リース氏）
ユージーン・タウトゥ（エドガー氏）、
およびロナルド・ポーヴェイ（ボイヤック氏）事件
（T53／95）1995年7月7日

ロデリック・ジョイス裁判官（勅撰弁護士）による量刑判決

私は、この量刑判決に従事したので次の二つのことについて言及する。まず、第一に、今朝、私は、この事件全体に対して、被告人たちが良心の呵責と、後悔の念を表そうとして被害者の二人の警察官に宛てた、被告人それぞれが署名をした、手紙を受け取った。私は、今、この事件の被害者であり、裁判所の一員でもあるカヴニー刑事に、渡してくれるよう、マダム記録官に依頼しようとしているところである。私は、また、要求された賠償のために、あとで被告人達から取り立てられるべき金額が一〇〇ドルであると、マラエによってまとめられたと、ボイヤック氏が、今朝、私に告げたことを記録する。ボイヤックさん、もしも、その金が手渡されていないとしても、期日までに確実に手渡されるだろうということを確信していますよ。

去年のガイフォークスデイの朝に、無残にも、２人の私服警官が被告人たちによって襲われた。これが、クイーンズストリートでの一連の暴力の卑劣で卑怯な出来事の一つの始まりであった。その暴力は、大通りでの交通の治安びん乱を引き起こしている者を逮捕するために二人の警官による完全に合法で、適切な努力から生じたものであった。

四人の被告人たちは、それぞれが長期三年の拘禁刑となる加重暴行の二つの訴因と、同じく長期三年の拘禁刑となる傷害の故意のある襲撃の二つの訴因で告発された。加重暴行の告発と、故意のある襲撃の告発は、それに関係したそれぞれ警察官である二人の被害者に関係したものであった。その加重事由は、彼等の適正な公務を執行するための努力を妨害したことにあった。

今ではその事件の首謀者であったと認識される被告人ポーヴェイは、武器を持った襲撃の罪でも告発された。その告発は、長期五年の拘禁刑にあたるものである。武器はビールのジョッキであった。四人の被告人は皆、いずれの罪状をも否認し、陪審裁判が五日間続いた。結局、タパラウは、カイブニー警察官が被害者であった加重暴行の訴因と、同警察官に対する傷害の故意のある襲撃の訴因で有罪と認定された。

マコアレは、マッケンジー警察官に対するものをも含めて、すべての訴因で有罪を認定された。

タウトゥは、タパラウと同じ訴因で有罪を認定された。

ポーヴェイは、四つの共通の訴因すべてと、武器を持った襲撃の告発で有罪と認定された。後者の告発は、マッケンジー警察官に対するものであった。

被害者の衝撃に関する陳述の中で、マッケンジー警察官は、ニュージーランド警察に入隊する前、七年間軍隊に入っていたと陳述し、実際に、事実審で、その証拠を提出した。彼の軍役には、湾岸戦争での現役の勤務が含まれていたことが判明している・・・。彼は法廷で次のように述べた：

軍と警察で勤務していた期間中に、私は、一九九四年一一月五日の夜に私に加えられたようなすごい憎悪と暴力に出くわしたことはありませんでした。これは一生涯、私の記憶に残るでありましょう。この事件の間を通じて、被告人は良心の呵責を表すことも無く、実際に、さらに私のパートナーと私自身の両方を襲撃するよう、互いに奨励しあっていました。彼らは、また、事件への関わりをも否定しました。

今日の量刑判決のプロセスの間在廷していたカイブニー警察官も、当然のことながら同様の気持ちを話した。彼は、警察での一五年間、襲撃に対して当然の負担以上のことを負担してきたが、命がけで戦ってきたと彼の気持ちを語った。彼は、不快な出来事をくどくどと話すつもりはないが、しかし、その事件と、その時の苦痛、恐怖と怒りを、しばしば思い出すであろうと語った。

幸いにも、警察官のいずれもが、長くても約五分しか続かなかったその短い出来事からは、永久的な傷害を負わされなかったが、しかしながら、カイブニー警察官にとっては、永遠に続くように思われた。マッケンジー警察官は、ビールジョッキで頭を殴られてその取っ手で額に打撲傷と擦過傷を負い、繰り返し蹴られて胸部に打撲傷を負い、そして、彼の体中に擦過傷と腫れあがりを負わされた。そのような事実が、その事件のすぐ後のオークランド病院での診察で四時間かかった彼の負傷の外見上の状況であった。次の日の夜には、彼はどうにかして職務に戻ることが出来たが、非常なる痛みが二週間続き、当然ながら彼の仕事と睡眠に影響を与えた。

カイブニー警察官は、肋骨が折れたのではないかとも感じたのだったが、彼の性器と睾丸に内科的な傷害の心配が実際にあった。彼には、極度の痛みが残った。彼は、その暴行を受けた後、吐き気を催し、立っていることが出来なかった。彼も、診察と観察のために約四時間をも要したのだが、私が言ったように、永久的な損傷を幸運にも逃れた。彼も、その後数週間、相当不快であった。

私は、もちろん、その事実審を主宰して、直接、その証言を聞いた。被告人たちは、犯罪との関わり合いを一貫して否認していた。直接的、あるいは間接的に、彼らは、陪審に対して、彼ら自身を、郊外の男性のみのパーティーに出席した後に、クラブを振り回しただけの品行方正で、ちゃんとした若いスポーツマンのグループの一員であると演じようと努めた。

事実審で、彼らは、暴力への関与を認めず、また、陪審の評決にかんして、彼らの内の少なくとも幾人かからの怒りの爆発があったことが、陪審員を明らかに不快にしただけではなく、責任の時期遅れの認容にさえも、まったくとは言えないまでも、ほとんどその余地を残さないように思われた。実際に、陪審の評決は、一人の警察官に関する二人の被告人の事件と、二人の警察官に関する他の二人の事件で、彼らは単独ではあるが、事実上協力して、彼等の職務を行おうとするだけの男たちに対して足と手の両方で、過度の暴力を用いたと認めた。これが、実際に、彼ら、被告人が、すぐに引き起こすことができた暴力のすべてであった。

一人の警察官が増援隊を呼ぶチャンスを見つけて、増援隊がタイムリーに到着せず、そして集まった相当数の見物人が介入しようとしなければ、たとえ致命的な結果にならなかったとしても、これらの酒に酔った被告人たちのケダモノのような狂乱がどれくらい長く続いて、どれほど重大なことになったか判らないほどに、継続していたかもしれない。重大な暴力こそが、最も確かな事実であった。地面に殴り倒されたり、あるいは投げ倒された警官を、蹴って、殴った時には、これらの被告人たちは、微塵たりも良心の呵責を見せることはなかった。そして、事実審で、被害者が警官であったという認識がなかったと主張しようとさえした。警察官たちの最初の自分の身分提示の段階で示された、彼等の地位についての一般的な明白性と、被告人たちのものではなかったとしても、群衆の「ポリ公だ」との嘲弄があったことからも、その主張はむなしかった。

私は、今、タパラウを、確認された四人の攻撃者の一人で、四つの訴因で量刑判決を受けようとしている二七歳の若者で、暴行の前歴があり、約九年間に犯した犯罪に関連して地方裁判所に戻ったと認定する。彼は原告に向かって自動車を運転し、その人に対する脅迫を伴う強盗、家庭内暴力と、普通暴行に関係していた。最もうれしいことは、最後に記録された暴行が、一九八九年であったということである。ポーヴェイは二八歳で、同様に、四つの訴因で量刑判決を受けようとしており、良くなってはいず、それどころか、かえって悪くなっていた。

一二年半前に、彼は、傷害の故意で怪我をさせたことについて有罪と宣告された。その時以来、彼は普通暴行で六つの有罪判決と、男性の女性に対する襲撃で二つの有罪判決を受けていた。これらの中の最後のものが、昨年の七月の有罪判決で、四カ月の拘禁となった。タウトゥは、二二歳で、三つの普通暴行の有罪判決があり、一つは家庭内のもののようである。マコアレは、二七歳で、六つの普通暴行の有罪判決があり、その最後のものが一九八九年に、六カ月の拘禁となったものであった。再び、唯一のうれしいことは、それ以来、彼に対する通報が記録されていないということである。

四人全員は、もともと、五月一六日に量刑判決を受けることになっていた。量刑判決は、今日、一九八五年七月七日に行われる。このように延期されたのは、修復的司法の精神で、被害者と犯罪者が会うかもしれないという五月の公判の期日に出された要請があったからである。私の回答は、刑事裁判法五条の協議とその制限に注意することと、そのような手続きに参加する際に被害者が圧力を全く感じないようにすべきであることを明確にすること、および、被害者が職務中に活動をしている警官であったということを心に留めておくという、起こるかもしれないより広い派生的効果を指摘することであった。

今、私の手元にある保護観察報告が、被告人たちのマラエのためになされたコミュニティ・プログラムの伴う執行猶予付きの拘禁刑を、実際には第五条の効果ではあるが、勧告しようとする言外の意味を認めたことを、私は、記録する。

広範囲の計画には、一二カ月間に、二〇〇時間のコミュニティ・ワーク、毎月のワナウ・フイ（家族会議）への参加、一二カ月のアルコール販売免許のある店への立ち入り禁止と、午後八時以後、あるいは仕事の終了時間以後の外出禁止、プロベーション・オフィサーによって承認された特定の環境に留まることが含まれるであろう。そして、その計画には、プロベーション・オフィサーによって前もって、書面で認められた人によって伴われない限り、被告人がオークランドに入らないようにするであろう全一二カ月のプログラムが含まれるであろうことを、私は、推測する。それには、CADSとアルコール教育日、被告人自身の負担で、承認された怒り統御のコースへの出席を含めるであろう。プロベーション・オフィサーは、3カ月ごとに被害者に報告することになるだろうし、さらに、被告人は、もちろん、もっと定期的にプロベーション・オフィサーに報告することになるであろう。

私は、それぞれの保護観察報告書が、それぞれの犯罪者の良い側面を示し、健全なレジャーを楽しみ、程度こそ違え、家族の責任を果していると報告していることを付け加える。この事件について実に悲しむべきものの一つが、事件の両側、犯罪者と被害者の家族と拡大家族に及んでしまったに違いない事件の影響である。

少なくとも被告人の二人が同じラグビーリーグのクラブに属しており、少なくとも三人が、そのスポーツのレギュラープレーヤーである。実際に、私は、事実審で彼らの共通のきずなの一部がそのスポーツへの興味であったとの印象を受けた。彼らのいずれもがアルコールと上手に付き合えず、少なくともポーヴェイは大麻にも不健全な興味を持っていた。全員が、今から自分達の生活を変えるつもりだと主張する。しかしながら、報告書のいずれもが、被告人たちの良心の呵責を示す部分の示唆や、言及がなかった。ポーヴェイの唯一の記録されている彼自身への問題点は、数分の関わりが彼の人生にどれほど高くついたかというもののようであった。

ピーターセン事件で、控訴院は次のように述べた。

第二一A条は、それが無い時に発展したかもしれなかった裁判所に課された量刑表に拘束されるものではない。他のどのような法令の規定も強制しない場合には、第一審は、特定の犯罪者に適切な刑罰を決定するべきものでなければならない。もちろん、第五条は、他の方向を許すような状況がその犯罪や犯罪者にとって特に重要であると裁判所が確信しない限り、フルタイムの拘禁刑判決を要求する。執行猶予付きの拘禁刑判決は、フルタイムの拘禁刑判決と同等ではない。執行猶予付き判決は、第二一A条の権限を行使することによって、さらに、その他に量刑判決の選択肢だけによって、フルタイムの拘禁刑を避けることを正当化するような特別の状況がある場合にのみ、利用が可能なだけである。その選択肢を正当化できる要素には、第五条の場合を除いて、犯罪者が若者であること、以前の、あるいは少なくとも最近の素晴らしい記録、社会復帰の必要性と、それに関する成功の可能性が含まれる。

もしも、執行猶予が、抑止とならないであろう場合には、執行猶予付きの量刑が科されるべきではない。もしも、犯罪を犯したことがそれ自身重大であるならば、この事件で最も確実であるように、咎めることを減ずるようなある形式が適切であるかもしれないが、残念ながら、私には、ここではそれが何であるか判らない。公益の保護は、決して忘れられてはならない。全体的に、控訴院は、広い視野で、後見的で、常識あるアプローチをするようにと申し付けている。

プロベーション・オフィサーは、それによって特別な状況が個別的に、あるいは集合的に見いだされるかもしれない五つの根拠の方を選んだ。私は、傷害が永久ではなかったという事情を無関係であるとして拒否する。私がすでに示したように、警察救助のタイムリーな到着がなければ、永久的傷害の可能性が高かったからである。

私は、マコアレとタウトゥに関する限り、以前の拘禁刑が再犯を犯すことを防止しなかったという示唆に暗示される主張の正当性にも多いに疑問がある。以前に実際に服役した期間は非常に短かったであろう。他の二人について、私は、もしも、それが刑罰の唯一の形式であるならば、即刻の拘禁刑それ自身が積極的な変化に影響をもたらすという展望には、議論の余地があるということを認める。彼らのコミュニティが、現在、彼らの監督と社会復帰に進んで関与しようとしていることが、私が期待したものよりも相当大きい。救急車が崖の下にしかなかったことが残念である。

私は、拘禁刑の執行猶予の期間が強力な抑止力となるかもしれないという特別の状況であることが出来ると考えるものではない。無論、執行猶予付きの量刑判決それ自身が、まさしくその目的である、すなわち主要目的、あるいは目標である。個々にとらえるにせよ、一緒にとらえるにせよ、私はこれらの仮定された特別な理由によって感銘を受けない。しかしながら、ボイヤック氏はポーヴェイ氏のために、実際にはすべての囚人のために、この点に関して追加の、そして幾分異なった議論を進めた、そして私はそれらに戻るであろう。

最初にまた、ためらいがちに私の心にあったもの、そして偶然に一致して、その後間もなく容認されたサイモン事件でトンプキンズ判事による中間的検討が、修復的対話の後の被害者の最終的態度が、さもなければ私が科したであろうよりもいささか減軽することを正当化するかもしれないという可能性であった。実際に、その事件の犯罪者と犯罪を犯すことについての諸状況が非常に異なっていたことにすぐに気が付いた。ここで、私は、次のような証拠を探した。

一　その被告人たちは、今では本当に理解して、受け入れて、彼らの有罪を認めていること。

二　怒りから、もしもこのような事件でもそれが可能であるとして、犯罪を犯したことについての理解へと移ることができる、あるいはできるようになったという被害者の徴候が、および、さらに赦しの可能性の徴候があること。

三　実際にコミュニティにおける適切な、そして有用な場所に彼らを修復するために、犯罪者と責任を共有し、場合によっては、被害者に対する害を癒し始めさえすることが可能なコミュニティ支援グループが存在すること。

私は、ここで、重大な暴力と、実際の抑止を含めて、警察官の保護を効果的に処理することのより広い利益とともに、しかしながら、被害者たち、被告人たちと彼らの拡大家族やグループへの関心を過度に狭めるということは間違いであるだろうということを、繰り返し述べる。警察官が安全に職務を行うことが可能であるよう保証するという基本的な公共の利益は、非常に重みのある考慮であるに違いない。その事情は、確かに、彼らの行為によってその利益を危険にさらした人々に、相当な懲罰が結果として生じるということにいささかの疑いがないことを要求する。

私は、次に、五月一六日以来行われてきた協議の過程を扱う。私は、促進者と、彼とともにこの分野で主導権をとり遂行する人々に、恩義以上のものを感じている。彼は、その過程と、実際に種々のコミュニティグループ会議で、何が結果として生じたかということに関する短い報告書を私に提供した。彼は、彼の短い報告書で、被害者と犯罪者の考え方との間に、いかなる合意の正式の承認もなかったということを認める。彼は、論議がそれぞれの側面のそれぞれの立場の新しい認識を引き起こして、ステレオタイプを取り除くことに何らかの方法で活動したと述べる。私は、被告人が今や警察官もほかの我々と同じ人間であると見始めたことを意味するものと理解し、まことに喜ばしく思っている。

二人の被害者に関して、彼らの思うことをはっきり話して、そして謝罪と後悔の申し出を聞く機会があったと、促進者が私に語る。

私は、それが重要であると思うから、私は彼の報告から一小節を引用したい。その引用は次のようなものである‥

現実の方法で、二つの異なった考え方が、これらの論議に存在していた。一方では、なされた害に関して人々を拘禁刑の手段によって罰する必要があるとの伝統的な理解があった。これは犯罪者と、より広い共同体に、犯罪を犯したことの結果を思い出させるために必要である。他方、そのようなアプローチが、彼らの人々の必要性を満たさないというのが、

被告人のマラエの人々から声に出された意見であった。彼らは、彼らの若い人々に恥をかかせて、罰して、そして修復するという伝統的な方法が、この状態を扱うもっと良い方法であると信じる。彼らは、このプロセスに対して責任をとって、そしてそれについて責任があると考えられる機会を望む。その人々のまさしくその権限は、彼らが、彼ら自身の文化的な環境で、これをすることを許されることに依存する。彼らはこの理解を、排他的であるとは見ない。それは、もしも、彼らがそうする用意ができていたなら、被害者が進行中の治癒と責任プロセスに関係しているというカウマトゥア（年長者）の表現された願望であった。行われた種々のミーティングの脈絡の範囲内で、さらにこれらの考え方で見事に解決することは、実際に、可能ではなかった。

私は、その会議の記録と議事録を見て、マッケンジー警察官とカイブニー警察官の監督者である警察官によって支援されて、彼らが被告人とともに会合に参加するべきであるとの合意に、最近退職した一人の警察官が加わったのを知ったことは喜ばしいことであった。さらに、ミーティングの最初に、マラエの司法に関する会合ではなく、原則に関して、むしろ修復的司法の概念の範囲内で中で行われるべきものの一つであったということが、明らかにされたのを知ったことも喜ばしいことであった。

今朝話をした、ポウ夫人と私は、会議で、明らかに率直に、そして何らの束縛を受けることなしに話すために、その会合に戻りたい。私は、彼女が彼ら、被告人たちが家に帰って来た時に彼らの人々(拡大家族)の処罰に直面しなければならないであろうから、刑務所というのは安易すぎる選択肢であるだろうと語ったことが記録されているのを見落とさない。そしてマラエが、処罰、恥をかかせることと、修復を含めるであろうプログラムをまとめ上げた。「我々は、彼らを愛するが、我々は、彼らを窮地から救い出したいわけではない」と、彼女は効果的に語った。

その会合で、当然のことだが、出席している三人の警察官は、彼らの立場、すなわち裁判所が、彼らが考えることに、逮捕をするという警察の役割を含めて彼らの合法的な仕事を安全に遂行することができたというメッセージを送らなければならなかったことを記録したが、彼らは判決の機能に意見の投入を求めることはなかった。一方では、被害者であり、また、他方、警官であるということとの間に、困難さがあるとの認識があった。彼らは、司法が決めたことに協力したいと語った。彼らが警察官の見地から、なお拘禁刑判決を強く主張したが、彼ら自身の個人的な意見を提供することはできなかった。

次の会合があったが、私の理解では、二人の警察官自身が再び加わる機会はなかった。次の会合に関しては、被告人たちの側で、特にポーヴェイ氏、彼らの行ったことのそれぞれについて、容認と自認の方向への動きがあった―彼らの各人は、少なくとも今まで、若い男たちであったが、イウイ、ハプ、および彼らのワナウによってリーダーとなる可能性がある者として見られていた若者であったと私は推測する。

今日、私がまもなく被告人のマラエの多くの代表者から便りをもらったことを論議するので、私はカイブニー警察官、今日在廷している二人の被害者の一人に、話をするチャンスを与えた。彼は私に、話をしていた人々に、彼が最大の称賛と敬意を持つことを学んだと語った。彼とマッケンジー警察官になされたことの重大性は、拘禁刑を科されるに値するとの彼の個人的な考え方を記憶しているが、修復的司法が非常に革新的で、目を見晴らされるようなものであると認めた。彼は語った、今表されている良心の呵責がもっと早く出ていなかったのは悲しいことだった。それは持つことが出来たし、持つべきであったと彼は感じた。

私が今日、聴聞した二時間の意見開陳と演説のまさしくその終わりに、今、検察官の所見について話す。彼の暗示は、証拠を提出した被告人は効率的に偽証していて、彼の証人たちも同じであって、これは、今、自認されたことを否認する程度のものであったということであった。彼は言った、そしてその中に何かがあるが、それに向けられたといえる答えがほとんどなかった。

その問題に関して、また、今朝まず彼らの弁護人を通じて、そしてそれからそれぞれの被告人に直接に、彼等が行ったことを、どの程度自認するのかについてこれまで明確ではなかったので、それぞれの立場について、私は知ろうと努めた。私の最終的な尋問に直接に答えて、彼らのすべては効率的に、私に彼らが、今、全面的に有罪と責任を自認したと語った。

私は、タパラウ、マコアレと、タウトゥに対する意見開陳に関してくどくどと話すつもりはない。彼らは、私がすでに考察した保護観察報告書と、私が以前に幾分論じた種類の特別な状況がない限り、私に重大な暴力の事件で拘禁刑の量刑判決を科すように要求する刑事裁判法第五条の制限を受け入れた。

事実審以来、ポーヴェイ被告人を弁護し、私の判決に完全な修復的アプローチを採用するべきであるという提案の代弁者であったのは、主としてボイヤック氏であった。彼は、すべての会合に出席していた。実際に、また、彼を全面的に信頼し、私の理解では、彼がその考えの扇動者であったということである。被告人たちは、今では二人の警察官を権威の象徴や権威の代表者としてよりもむしろ、彼らと同じ人々であると見るようになったと、私は感じた。全ての中から少なくとも一つのプラスは、イウイ、ハプとワナウが被告人に対する彼らの責任を受け入れるために一緒に参加して、そして、提案されたように、作ることができたすべてをコミュニティプログラムについて決定された方法であったと、彼は語った。

マオリの世界と、その外でも、非常に著名な女性である、ポウ夫人は、彼女がそれほど効率的にそれを行ったので、他の人々には「おばさん」である。彼女は、彼らの行為を遺憾に思い、また、著しく恥をかかせられた。彼らが行ったことを、彼らが認めるか否かは、マラエの権威を危険にさらすものであった。彼女は、ワカマ(恥ずかしいこと)、すなわちイウイ、ハプと、ワナウにとってまったくの恥ずかしさの要因について話した。その恥ずかしさは、刑務所に入っても、入らなくても残るであろうと、彼女が言った。ただ被告人だけが消すことができたのは「恥」であった。彼女は、彼らが、彼らの恥ずかしくて、馬鹿げた行動に対して責任をとる機会を求めた。彼女は、彼らが以前に犯罪を犯したことと、ずっと前にマラエの影響力が行使されているべきだったということを認めた。彼女は、被告人たちに事実審の週まで全ての事柄を遵守するようにと語り、さらに、彼らのワナウ、ハプと、実際には、イウイがそれについて、以前に、知っていたかも知れないことについて話した。

一人のカウマトゥア(長老)は、裁判所の評決がどうであろうとも、それを受け入れることと、尊重することとを語った。彼が、ノースランドの地域で若者たちの行った活動について話した時に、私はそれが、より広く知られていなかったことを非常に残念なことだと考えた。私は、もっとそれについて社会が知識と理解を持つことが、社会全般に役立つことを希望する。

私は、この前の日曜日に、たまたまその地域にいた。それは美しい土地である。私は、定期的な仕事が欲しくてたまらなくて、大変な欲求不満で、時々、怒りを示す若者達がたくさんいるということを認める。しかし、どうにかして、我々のそれぞれが、我々の人種やしつけがなんであれ、その奥にある自尊心が決して怒りによって測られたり、証明されるものではないということを学ばなければならない。

名前を告げなかったが、長年刑務所の仕事に関わってきた一人の女性が、彼らが繰り返して刑務所に戻ってくるたびに、明らかに歳をとっていくのを見ているという、絶望感の悲劇について話した。

彼の最後の意見陳述で、ボイヤック氏は、少なくとも執行猶予付きの拘禁刑となるであろう特別な状況の事実認定についての特別の申し立てをした。彼は部分的な方法で、結果として起こる修復的なプロセスと、ワナウ、ハプとイウイの積極的に、そして断固としてその被告人たちに協力するという自発的意志について言及していた。私は、本当に、彼らの有罪と恥ずかしさを認めている犯罪者からの完全に納得のいくような自認、およびその受容、ならびに、被害者の側の重大な容赦が特別な状況になり得るような状況を想像することが出来る。もちろん、問題の犯罪を犯すことの重要性と、そのより広い公益の反響を見失わないことが、常に必要であるであろう。

私は、治癒のプロセスが、その点に関して十分に達成されたケースであるとは認定しないし、被害者は決してそれについて非難すべきところはない。同様に、警察活動について私が前に述べた安全の保障に関するより広い問題を見落とすことはできない。私が聞いて、学んだ全てのことが、私の最初に考えたものとは全く違った量刑判決を科すことに十分なものがあると認定する。私には、約二年を下回らない拘禁刑が、それぞれの被告人には求められると、最初には思われた。扇動者のポーヴェイは今では自認してはいるが、本当に、そのすべてを始める時には、全く(執行猶予の)不適格であったので、それ以上の刑が求められた。実際に、検察官は、今朝、約二年が出発点でなければならないと示唆した。私は心から同意する。彼が語ったように、検察は、幾分いっそう中立的な姿勢をとろうとしていたであろう、しかし、否認が相当長い間固執し、それを裏付ける証拠は不適格とされた。

私がすることに決めたことは、決して妥協の決定ではない。それらのいくつかは、そうあるべきだとの私の感覚と競合するが、すべての義務に適合しようとする私の最善の努力を反映する。直接にあなた方にお話して、タパラウ君、マコアレ君とタウトゥ君、私は、今、あなた方のそれぞれに、あなた方は、有罪と宣告された訴因について、一二ヶ月の量刑判決を受けたと告げる。それらの量刑判決には、それぞれの事件に、あなたが承認したコミュニティのプログラムが付加される。保護観察官によって明記された一二カ月の期間の施設収容ではないプログラムが。

ポーヴェイ君、今朝のあなたの弁護士の若干の意見の結果として、あなたが最初は刑務所に行くというコミュニティのプログラムに同意するかどうかについて、私には疑問が残る。私は、それについてあなたの弁護士と相談するためのチャンスを与えるためにしばらく休廷するつもりである。私は、他の人々について一二カ月の拘禁刑に下げたのは、コミュニティのプログラムを受け入れるという条件が付けられているという事実の秘密を明かしておこう、すなわち、そのようなプログラムは、一二カ月以下の拘禁刑が科される場合にのみ認められるという事実である。マダム書記官殿、従って、ボイヤック氏とポーヴェイ君がその事柄について話しができるよう、私は暫時休会することにしよう。彼等に用意ができれば、再開して、ボイヤック氏の話すことを聴こう。

ポーヴェイ君、私が法廷に戻って来る途中、ボイヤック氏は、君が、私が科すであろう拘禁刑とコミュニティのプログラムとの両方に立ち向かうであろうと、私に語った。私は彼がその決定の理由を明示した方法を同様に取り込むことができるというふりをしない。けれども私の評価は彼が、相談であなたの母親と一緒にあなたに話をしたこと、そこで、あなた自身が、今では、結合された処罰に立ち向かうことができる、そしてあなたが、特にそれほど遠くない将来、刑務所から解放された時に、コミュニティ・プログラムに対応する方法が、あなたが指導力で有能であることをあなたが示し始める手段であるであろうことを示す機会だと認めるということである。私は、適正な過程で、あなたのハプの内部で、さらに全体としてイウイでそれを示すことができると確信する。私は、あなたがそのような考え方になったことに満足し、さらに、あなたが万人にとって正しい判断を出来るようになったものと信じる。

もしも、私がそれを話すことを許されるならば、あなたの家系は誇るべきものであり、それを次の世代に伝えることを学ぶことが、あなたがたのような若者の義務である。私は、あなたの仲間の被告人に科したものと同じ、一二ヶ月間の拘禁刑の後に、コミュニティ・プログラムを受けるようにと言い渡す。

私は、時の流れと共に、修復的司法が、その勢力を増し、有用な処置となるであろうという希望を表現することによって締めくくりたい。私は、多分、今日、その方向に一歩も二歩も進んだものと考えたい。そして、最後の最後に、私は観客席の人々全員に、それらの人々の中には、話をした人たちだけではなく、ただ単にここにいただけの人々もいるが、多大なる感謝を捧げたい。私は、それが私を非常に励ましてきたことに気づいている。

皆様、ありがとう。

ロデリック・ジョイス

地方裁判所裁判官

判決二　ジョン・ハンセン裁判官　加重窃盗、殺害の脅迫

（ニュージーランド高等法院オークランド支部）

女王対マイケル・フランシス・ロバート・マーフィー事件

（S一五一／九六）

一九九六年一〇月二二日

法律顧問　W・マッキーン（国王側）

S・コール（マーフィー側）

ジョン・ハンセン判事による判決

あなたは、加重強盗・誘拐未遂、殺すとの脅迫、武器を用いた攻撃などの多くの重大な起訴事実に対して有罪の答弁をし、また、あなたのごく最近の犯罪である窃盗に対して課されたコミュニティ・サービスの調査報告書が裁判所に提出された。

告発人の観点から述べられた犯罪事実の概要は、それを読んだ人々をぞっとさせるようなものであった。年長の告発人は息子と旅行に出かけていた。彼は明らかに良きサマリア人で、ヒッチハイクをしていた君を車に乗せ

た。見たところ、あなたは何日間も何も食べずにいたようであり、妊娠しているパートナーになんとかして出会うべく、南に向かってヒッチハイクを試みていたが、なかば自暴自棄の状態だった。その日一日、君は車を運転していた人々にお金を要求したがうまくいかなかった。告発人が高速道路を南に行かず、あなたをオークランドで降ろそうとしていることが分かった時に、君は所持していたナイフを取り出し、それを一〇才の息子の喉に突きつけた。そして君は、子どもの父親に向かって「このナイフで息子を殺すぞ」と言った。その子どもは、手で喉を守ろうとしたが、息苦しくなりしゃべることができなくなっていた。

告発人はこの間、非常に落ち着いていたようだった。彼が高速道路の出口を降りたので、君はナイフで脅し続けた。君は食べ物を得るために金を要求した。君は一〇ドルを要求した。君は一〇ドルをもらい、子どもを放して車から降り、立ち去る途中、近くにあったゴミ篭にナイフを捨てていった。

あなたは、まっすぐにガソリンスタンドに行って、食物に金を使って、すぐに逮捕されたことは明らかである。この判決については普通でない側面が一つある。それは、ジャスティスオルタナティブの報告書が、裁判所に出されたことである。あなたの訴訟代理人は、「それは、修復的司法の概念に貢献する組織である」と私に説明した。その会議に参加した全ての人々の間の信頼に基づいた合意があり、告発人が同意した場合にのみその会議は開かれる。そのような会議は、告発人と被告人の両方にとって（とくに被告人にとって）、有意義であることは明らかである。信頼に基づいた合意がなぜできるのか、とくに告発人との関係で、私はその理由を理解することができる。私はその報告書を読んだ。それは私が考慮に入れることができる根拠である。君がその会議から、あなたの行動、犯行、自分の将来についてのある種の洞察を得られたことは明らかである。

判決を下すことについての出発点は、刑事裁判法第五条でなければならない。加害行為や加害者に関して代替的な手続を認めるような特別の状況が存在しないかぎり、拘禁刑を科すよう裁判所に対して要求している。その加害行為については、特別の指示はなかった。

君に代わって、君の弁護人は、拘禁刑に代わるものを認め得る特別の状況が君にあることを示すために、多くの根拠を私に説明した。それらはたしかに判決において裁判所が考慮するであろう根拠であった。しかし私は、それらは私に拘禁刑以外のものを科すことを許可するであろう特別の状況に達するには十分なものではない、という結論に至った。しかし、コミュニティ会議で、君をできるかぎり寛大に処置するために、考慮するよう私が提案することができる要因でもあった。これらの根拠には、君の年齢／非常に早い段階で有罪の答弁をしたという事実／告発人にとって恐ろしいものであったけれども、その遭遇は短時間のものであったということ／十分に協力的であり、すぐに逮捕されたということ／自暴自棄の状態であったということ／そのような加害行為をするという性格ではないということなどがある。そして、私はその点についてとくに、前歴は窃盗が一回だけであるということ／自責の念が本当のものであるということに注目し、実際に、裁判所は自責の念の表現について冷たく判断することが多いのだけれども、このケースでは私はそれを受け入れた。なぜなら、告発人たち自身がそれを認めており、彼らの立場は中立であり、そして最後に、その会議から楽観的な結論があったということなどがあった。

他方、検察官はこれらの根拠について、これらは特別の状況ではない、すなわち、これは、一〇歳の男の子の喉にナイフを突きつけるという重大な犯罪であり、彼の特別な状況を考慮するとしても、判決は、この種の犯行に対する社会の非難を反映するものでなければならないと主張した。

検察官は、加重強盗のモアナヌイ事件【一九八三】NZLR 五三七（控訴院）を判断した控訴院のリーディング・ケースを引用して、君が第三のカテゴリーに当てはまると解した。それは、この種の犯罪には三～六年の量刑が妥当であることを示唆している。しかしながら検察は、君の状況で適当な範囲は二～四年の拘禁刑であると解した。

私が言及した全ての根拠を理由として、さらに、コミュニティ会議の楽観的な結論を考慮して、私は君をそのような判決よりもより寛大に処分することを提案した。そのような事件の通常の経過では、君に対する適当な量刑は二年の拘禁刑であろうと私には思われる。

これら全ての根拠を考慮して、加重強盗の告発について、君に一八カ月の拘禁刑を宣告する。誘拐の未遂と殺すとの脅迫の告発について、それぞれ一年の拘禁刑を宣告する。武器を用いた攻撃の告発について、三カ月の拘禁刑を宣告する（ただし、この二つの刑は、前述の一八カ月の拘禁刑に吸収する）。コミュニティ・サービスの調査結果しだいでは、コミュニティ・サービスが取り消され、有罪判決が下されることがある。

プロベーション報告書と量刑意見に加えて、ジャスティスオルタナティブの報告書と地方法精神医療部の報告書が、関係する矯正機関に送られることになっている。

司法代替委員会の報告書から提起された諸問題は公表しない。

ジョン・ハンセン

高等法院判事

判決三　ラッセル・ジョンソン裁判官　子どもに対する悪意の暴行

（ニュージーランド地方裁判所ヘンダースン支部）

ＣＲＮ四〇九〇〇〇九一六六

ニュージーランド警察対ピーター（匿名）事件

一九九四年八月一五日

ラッセル・ジョンソン裁判官による量刑判決

あなたは、本日、自分の監護している四カ月半の子供に対し、精神障害を生じさせるような方法で、意図的に虐待したという告発について判決を受けるために裁判所に出頭している。

その事実は、本年四月五日に、あなたの子供が、六本の背部の肋骨損傷と、脳内出血で入院したということである。私は、その日の診断で、その何本もの肋骨損傷が、少なくとも二週間以前のものであると診断され、その子供の目の後ろの出血と、脳と頭蓋骨との間の二ヵ所の出血があり、いずれも約二週間たっていることが明らかであると診断されたことを示す病院から報告を受け取っている。これは、子供に傷害が加えられたことを強く示していたので、問題は捜査に委ねられた。

小児科医からの報告書は、その時点で、その子供が、話をする、見る、聞く、手を使う、歩く、あるいは走るという能力が、その傷害によって影響を受けるのかについては予測が不可能ではあったが、その結果として将来何らかの問題が生じる可能性があると予言した。私は、この傷害によってどのような結果が生じるかについていっそう明確な考え方を持つことが裁判所にとって重要であるとすることについて、弁護人に同意し、私の行う諸命令の一部として、その予後に関する同病院からのさらなる報告書を求めるであろう。

その捜査で、あなたと、その子供の母親であるあなたの妻との細部にわたる論議がなされ、そこで起こったことの全てを明らかにする用意ができていたことは明白である。また、あなたは、起こってしまったことを、どちらかと言うと、恐れていたことが、私には明らかであり、さらに、私の得た情報では、あなたは良心の呵責に耐えられないが、それも最近数週間のことであり、それ以前にはその子供の泣き声を止めようとするあなたの努力が、この事件の全てを引き起こしてしまったというほどの子供の泣き声があったようであることも、私には、明らかである。

あなたの妻は、産後のノイローゼに苦しんでおり、あなたはあなたの毎日の仕事のほかに子供の世話と家事を引き受けており、そしてそこで起こったことは、その子供が部屋で乱暴に扱われるようになって、胸郭の周りを締め付けられ、ベビーベッドに投げつけられるなど、何回も乱暴に扱われて、とうとう泣くのを止めたのだった。

子供は、特に傷つけられやすいコミュニティのメンバーである。もしも親が、子供が安全で、健康で、そして適切に育つよう保障しなければ、誰がそうするであろうか？ そして、親がそれに失敗し、実際に、安全と世話の欠如を助長して裁判所に出頭すれば、それからは、裁判所が、被害者としての子供の地位が決して忘れられないよう保障しなければならない。

子供を育てることは非常に特別な、負担となる、厄介な責任のあるものであるが、しかし疲れて、適当な技能を持たない親達が、時折、赤ん坊が泣き続けたような場合に、自制心をなくすようなことがあるのは人間の理解を越えたものではない。

私は、あなたをどうするべきかを決めなければならない。私は、弁護士の提案、プロベーション・オフィサーの詳細な報告書、『怒りの処理の指導者』の報告書、弁護士の報告書、精神医学的報告書、子供の医療状態についての病院からの報告書と、あなたが有罪を答弁した後に開かれたコミュニティ・グループ会議の結果に関する報告書を参照しなければならない。

その会議には、多くの人々が出席した。多くのカウンセラー、司法省のコミュニティ矯正局、聖職者、あなたの母親、種々の親戚の人々、あなたの妻の友人たち、病院からのソーシャルワーカー、あなたとあなたの妻ともちろん子供が含まれる。コミュニティ・グループ会議の結果は、願わくは、あなたの後悔を示し、願わくは、脳への損傷が軽くてすんだこの子供と将来直面出来るようになるのを助けるであろうあなたにとって、取りかかることの出来る多くの手段が存在するとの、それに参加している多くの人々の広範囲の合意である。

同じく、私は、「他人に対する暴力に関係する、二年以上の拘禁刑という結果になる告発で裁判所に出頭した人々は、その暴力が重大な暴力であり、あるいは被害者に危険を引き起こす場合には、拘禁刑を量刑判決されなければならない」と裁判官に告げている刑事司法法の第五条をも考慮しなければならない。生後四ヵ月の小さい子供への重大な暴力、あるいは重大な危険であるものには、明らかに、同じ定義が成人に必要とするであろうよりも少ない身体的な行動を含むであろう損傷を受けた肋骨、可能性のある脳障害が、私の見解では、重大な暴力あるいは重大な危険を意味するにちがいない。

これは刑事裁判法第五条が適用されなければならない事件であると結論づける。同条は、その犯罪、あるいは犯罪者に関して、拘禁刑を科すことが不適切であるとするであろう特別の状況が存在しない限り、拘禁刑を科さなければならないと規定している。私が、あなたの事件を判断する際には、下記の諸事項を確認する。

一　初犯者であるあなたは、これまでに裁判所に出廷したことはなかった。
二　良心の呵責がある。
三　あなたの普段の行動の中には、これまでに、このような行動は見られないように思われる。
四　もしも、適切なステップがとられるならば、あなたは更生することが可能である。
五　国の公務員も、子供の安全を保証する事を任務とする者もすべての人が、事件後の処遇について、コミュニティ・グループ会議の結果に合意している。
六　あなたと、この子供との間の将来の関係を意識しなければならないこと。

これらのすべてを考慮に入れて、私は、あなたに次の数ヵ月の間、コミュニティ・グループ会議によって勧告されたものを実行するチャンスを与える。もしも、あなたが、これらを成功裏に完了すれば、私見では、私がすでに言及した六つの事項に付け加えて、特別な理由があることを認めることができるであろう。しかし、裁判所は、この小さい無防備な子供に、この種の危害を加えた者を罰しないでおきたいと信じる者はいないと確信する。あなたが、本当に特別な理由が存在することを証明できるように、適切な期間勾留し、もしも、特別な理由の存在が証明されるならば、その日に、考慮されるであろう他の何かの事柄と共に、執行猶予付きの拘禁刑を宣告するであろう。もしも、その後数ヵ月間に、従うべきプログラムを成功裏に完了しなければ、私は、あなたに、直ちに拘禁刑を宣告する以外に、可能な方法を見付けることはできない。
次の諸事項が、今後、八ヵ月間に実行されることを、私が期待する事柄である。

・ストレス制御、行動上の問題と、虐待その他の問題に関して、毎週カウンセリングに出席すること。
・八ヵ月間の期間の終わりの近くに、精神科医による独立した再吟味があること。
・ボランタリーのコミュニティ・ワークを一〇〇時間実行すること。
・病院に五〇〇ドルの寄付をすること。
・量刑判決の前に、『コミュニティアルコール・薬物サービス』の査定を受けること。
・量刑判決の少し前に、さらなるコミュニティ・グループ会議があり、その報告書が私に提供されること。
・将来の予後を含めて、その子供の医学的な健康状態に関する最新情報が提出されること。

あなたは、量刑判決の一九九五年四月二四日まで、保釈金付で保釈されるという条件で、勾留されるであろう。プロベーション・オフィサーの報告書が、これらの事柄を最新の物にするだけではなく、今後八ヵ月間にプログラムの成就報告をし、さらに、必要とされる報告書をも付け加えられることをも求める。

R・J・ジョンソン
地方裁判所裁判官

判決四　デイビッド・マザー裁判官　傷害の故意の攻撃

（ニュージーランド地方裁判所オタフーフ支部）
ニュージランド警察対フランク・ウイリアム・アクランギ事件
（CRN六〇〇四〇七〇九-二七）
一九九七年一〇月一〇日

弁護人＝J・ハーグ

デービッド・マザー判事の量刑にかんする最初の発言

指導・監督の勧告では、非現実的です。第五条が適用されます。そして、拘禁刑が適用されるべきではないという特別な状況が存在するという意見に説得力があるように思われます。私が見極めたいのは、アクランギ氏とホワイティング氏との間で、何らかの和解が成立する余地があるかどうかです。

この事件は、ワイヒキ地区で発生しています。二人は互いに良く知っており、同じ地域に住んでいることは、私が調べた証拠から明らかです。私の関心は、アクランギ氏が何らかの形態の修復的司法率先に着手する意向があるのかどうかということです。ハーグさんには、私の言いたいことがお分かりだと思いますがいかがでしょうか。

証拠によって、次のことが明らかになっています。ホワイティング氏が、この事件について苦しんでいることが理解でき、他方アクランギ氏は、自分が傷を負ったと供述しています。私は、負傷についてのアクランギ氏の説明が妥当かどうかについては、かなり疑問があると思います。あきらかに問題は未解決のままです。

修復的司法を開始するには、告訴人であるホワイティング氏、被告訴人アクランギ氏、および警察からの申し立てを必要としますし、さらに、それを促進する人を必要とします。その人は、ワイヒキ島に住む誰かでなければなりません。テ・オリテンガ修復的司法グループには、何人かの修復的司法の促進者がおります。

もしも、それが成功を収め、当事者間のくい違いを明らかにしていく上で真の進歩があり、かつ、アクランギ氏が自分の行ったことの重大さを認め、適切な償い―それが金銭的なものであれ、それ以外のものであれ―をするうえで重要な前進があるならば、そして、ワイヒキ地区のためであれ、ダート・トラッカー・クラブ、もしくはホワイティング氏のためであれ、アクランギ氏がなしうることをなす機会があるならば、アクランギ氏に対して拘禁刑を宣告しないことも、妥当な選択であるように思われます。

私は、このような処理が当事者によって受け入れられるものかどうかを確認するために、二、三週間この事件についての決定を留保したいと思います。なぜなら、当事者の合意なくしては、そのような処理は不可能であるからです。ハーグさん、そうした処理は、アクランギ氏、ホワイティング氏によって現実主義的に受け止められる必要がありますし、警察も同様に関与する必要があることは明らかです。

さて、ハーグさん、アクランギ氏がそのような原則で事件を処理することを希望するかどうか、アクランギ氏とごく短時間、協議をしていただけますでしょうか。

ハーグ氏は、被告人との協議を終えて「裁判長殿、アクランギ氏はその意見に非常に積極的です」と答えました。

（休憩をはさんで、審理を再開する）

被告人は、人を傷害する意図で暴行を犯したとの告発について判決を受けるために、裁判所に出頭しています。彼は抗弁をした後に有罪を宣告されました。法廷で取り調べた証拠によれば、暴行は告訴人側からの挑発によるものではありませんでした。それは、告訴人が頭を一撃されて意識を失って卒倒し、七針も縫う怪我をし、歯が一本折られるといった重大な暴行でした。彼は少なくとも一週間にわたって、脳しんとうに悩まされ、二週間も仕事を休まなければなりませんでした。彼は肋骨の打撲傷に苦しみ、肋骨に疼痛があり、その痛みは事件後一月以上も続きました。

本件につき、刑事裁判法第五条を適用いたします。同条によれば、特別な事情がない限り、裁判所は行為者に対して拘禁刑を宣告しなければならないとされています。私は、現時点で、本件の犯罪、および犯罪者に関して特別な事情が存在するとは考えてはいません。しかし、さらに考慮しなければならない点もあるかもしれません。

本日、裁判所に提出された判決前調査報告書は、被告人に対する新たな面接をせずに、作成されています。本件犯行の重大さを前提とすると、保護観察の宣告の勧告は、現実にそぐわないように思われます。

本日、わたくしは弁護人に対して、被告人と告訴人との間で修復的司法による解決をはかる可能性があるかどうかを確認したいということを指示しました。

本件の暴行は、お祭りの時に生じています。それはお互いによく知っている地域の人々が参加していました。直接に事件の当事者となったのは告訴人と被告人だけですが、結果として生じた乱闘は、他の多くの人々を巻き込んでしまいました。告訴人が証拠を提出したときには、暴行によって生じた怪我で苦しんでいたことは明らかです。その暴行は全く不意打ち的に被告人から加えられたものでした。

この犯行を引き起こした紛争の種は、じつは、被告人と他の人との間で生じていたものでした。当法廷に対して提出された被害者影響陳述によって、被害者であるMが少なくとも、この陳述を行った一九九六年一二月の時点で、この事件をどのように見ていたのかを確認することができます。しかしながら、当法廷に対して提出された証拠によれば、Mは、いまなお憤慨していることが明らかです。

判決前調査報告書は、断続的拘禁を選択するのは妥当ではないとしています。なぜなら、断続的拘禁では、被告人が遠距離を移動する必要があり、貧しい被告人にはそれは困難です。それでも、『指導・監督』よりもいくぶん厳しい処分の宣告が必要であることは疑いがないように思われます。弁護人は、被告人が断続的拘禁を受ける覚悟ができていることを示唆しています。その方が妥当であるかもしれません。

しかしながら、私は修復的司法による解決の可能性を探るため、本件の裁判を延期したいと思います。被告人は、本日、この方法での解決に対して賛成である旨を述べていますが、この方式での解決には被告人だけではなく、告訴人と警察の協力と参加が必要です。

こうした解決方法は、当事者たちと、この事件が生じたことから関与することになったコミュニティとの間での和解が可能であるかどうかを確認することを目的としています。

当事者たちがこの方向を追求するつもりがあり、さらに、それを可能にする世話人がいれば、このプログラムが意図したように利用できることを可能にするため、この手続きを延期したいと思います。

私は、寛大な選択肢としてこのアプローチを採用しようとしているわけではありません。この方法を採用する妥当性は現実的に評価する必要があります。もしも、すべての関係者の間にこうしたアプローチについて少しでも異論がある場合には、伝統的な量刑手続がとられるでしょう。

一九九七年一二月二二日

デービッド・マザー判事の終局判決

アクランギさん、あなたは数カ月前に、人を傷害する意図で暴行を犯した罪で有罪宣告を受けました。今回の公判審理はその継続であり、適切な量刑を言い渡すための最終的な審理です。さる一〇月一〇日、この事件が当法廷で審理されたとき、私の見解をきわめて明確に説明しました。そして、あなたは、この犯罪は重大であり、刑事司法法第五条に該当すること、そして特別な事情が存在しない限り、同条は当裁判所に対してこの状況では、当該犯罪者を刑務所に送ることを要求することをも知っています。私は、一方であなたやあなたの友人たち、他方で告訴人やその友人たちとの葛藤から犯行が生じていることを熟知しました。それゆえ、私は、これらの根底にある争いを明らかにするよう努めると同時に、犯罪事実が証明された者に刑を宣告することによって遂行すべき義務を果たすことが適切であると考えました。

手続を延期し、修復的司法による解決をはかることが、これらの広範な争いのいくつかを解決することを意図するものであったことは明白です。私は、強い関心を持って修復的司法報告書を読み、一定の満足を覚えたと言わざるをえません。あなたやその他の関係者は、その根底にある、昨年のガイ・フォークス祭の夜に見苦しく表面化しました争いに対して現実的で、適切な対処をしてきたように思われます。私には、この問題がずいぶん前からくすぶっていたこと、さらに、この事件やその他の争いをめぐって生じてきたさまざまな圧迫を軽減し、解消するためには、今回とられたようなプロセスが必要であることは明らかです。被害者はこの問題が公表されないようにと望んでいます。さらに、あなたもまた、刑務所に拘禁されることがあるという威嚇によってではありますが、この問題を解決したいと望んでいることには疑いがありません。あなたは感銘を与えるような謝罪を行い、それが被害者によって適切だと受け入れられました。その会議では、このような事件を引き起こした難問を解決する諸方法が提示されました。

被害者の側に何かの行動をとるようにと指示する職権は裁判所にはないので、今日、私は、特にあなたの責任負担を期待することしかできません。しかしながら、これらの人々は、この問題の解決にむけて大いに努力をしてきたように思われます。そして、あなたが自分の役割を果たすならば、当該の状況下においてその問題は満足できる形で解決されることを期待できるでしょう。あなたを刑務所に送ることが妥当ではないという意見が共有されているように思われます。最近の二・三カ月の間に生じた事柄に照らして、私もその意見に共感します。私の見るところでは、あなたを刑務所に送るべきではなく、異なった仕方で処遇すべき特別な状況が存在します。もしも、一定の特別な事情が存在しないならば、あなたを刑務所に送ることを義務と感じ、刑期は六カ月以上でなければならなかったであろうと言わなければなりません。

あなたは、『暴力のない生活協会』の促進者の面接指導を受けており、その人はあなたが『暴力のない生活協会』のプログラムの対象としてふさわしいと判断しています。あなたは、自分の行動や攻撃的に反応する傾向を矯正する機会をよろこんで受け入れる意向があると聞きました。このプログラムが、あなたにとって本当に有益なものとなるよう工夫されたものであることは明らかです。あなたにはアルコール中毒に関連する問題があり、あなたは、それらにさらに取り組まなければならないように思われます。そして、わたくしは、あなたが自分の生活のそのような側面を改める用意があることを知っています。

私は『条件付きの指導・監督』を言い渡すつもりですが、それらに付された条件は、あなたがこれらの問題点に立ち向かうよう促し、それを強く要求しています。あなたは指導・監督の条件を遵守しないというようなことがないよう期待します。しかし、もしも、あなたがそれを遵守しなかったならば、プロベーション・オフィサーはあなたに再度、刑の宣告を申し立てることができます。その場合には、あなたは法廷に召喚され、最初の犯罪事実であらためて刑の宣告を受けるということを認識しておいていただきたい。当裁判所は、本件の犯行が重大であることを認識しており、さらに刑事裁判法の要件に照らして、わたくしは拘禁刑の執行猶予を言い渡します。繰り返しますが、もしもあなたが猶予期間中に、収監するのを相当とする犯罪を犯したならば、あなたは再び裁判所に召喚されることになります。そして、あなたに特別に有利な理由がない限り、猶予されていた拘禁刑が執行されます。

そこで、次のようにあなたに刑を宣告します。あなたを六カ月の拘禁刑に処すが、その刑の執行を六カ月間猶予する。あなたに九カ月間の『条件付き指導・監督』を言い渡す。それは通常の条件だけではなく以下の特別な条件を伴います。

一　アルコール中毒カウンセリングと指示された個人的カウンセリングを受けること。

二　『暴力のない生活協会』プログラムに出席すること。

三　プロベーション・オフィサーによって処理するよう指示された努力や、また、さらにコミュニティでの争いを解決するためのその他の必要な努力を行うこと。

第三の条件について、次のことを話しておきたい。修復的司法報告書は、あなたが、自分の引き起こしたことに関するコミュニティの権益を承認して、この事件を起こした場所で、何かボランティアの作業をするのが適当であると示唆しています。

私は、コミュニティ・サービスを命令することはできませんが、プロベーション・オフィサーの協力によって、なんらかのボランティアーの作業を行うよう要望します。それだけではなく、もしもそれが適当であれば、あなたがもちろん良く知ってるダート・トラッカー・クラブの委員会とそのメンバーの人々と話し合って、この奉仕労働を行うことが望ましいのです。クラブの側もこの問題に終止符を打ちたいと思っております。あなたが自分でそのことを認識して、奉仕労働をし、事件の解決に努力しなさい。

わたくしが申し述べることはそれだけです。コミュニティ・グループ会議に参加された人々には、まことにご苦労さまでした。今朝、当法廷に出席された皆さまにも感謝します。弁護人にも感謝します。建設的な態度が事件の解決をもたらしました。ありがとうございました。

判決五　スタン・ソーバーン裁判官　加重窃盗

（ニュー・ジーランド地方裁判所オークランド支部）

ニュー・ジーランド警察対キャメロン・タイラーと
アレクサンダー・フランシス・タッカー事件
（CRN八〇〇四〇一二七二九八〇〇四〇一二七三〇）
一九九八年八月二四日

弁護人＝略式起訴状提出者側＝N・ウィリアムズ氏
被告人側＝J・ボヤック氏

スタン・ソーバーン判事による判決

私は、まず、君たち二人に関するプロベーション報告書の勧告を採用する用意ができているということを冒頭で諸君に告げたい。したがって、私の話が終われば、諸君ら二人は今晩は家に帰っていることになるだろう。

アレクサンダー・タッカー君とキャメロン・タイラー君は共に一九歳であり、加重強盗のために判決を下される被告人として出頭して、重大法廷に係属中である。彼らは、一月一九日、商店の経営者から強奪する意図で、模造拳銃で彼女を襲撃したとして、連帯して告発されていた。彼らは有罪の答弁を行った。二人は、いずれも前科がない。

事実の要約は、無論、後で考えれば幸いであったことになるが、その時には下手なことをやったものだという、下手な事件を非常に生き生きと表現している。彼らは、むしろ彼らの本当の能力から私が考えるものとは対照的に、いささか程度の低い、ひどく知性のない方法で、近くの店にドロボウに入ることを相談したのだった。誰が何をしたかについて正確に詳述する必要はない。彼ら二人のどちらかが模造拳銃を手に入れ、サングラスとかぶりものを身につけて、恐らく彼らの身元を隠すようなことをしようとしたのだろう、そして選んだ店に入って、しばらくして、タイラー君が、少なくとも見える程度に店員に拳銃を提示した。その目的についての明白な意思は、コメントを必要としない。その女性はそれから現金用引き出しからすべての金を袋に入れるようにと要求された。

事実の要約は、彼女が撃たれることを恐れて後ずさりして、音の出る非常警報ボタンを押したと表現する。幸いに、それが二人の若い攻撃者を店から去らせて全てに終了をもたらした。彼らは、すぐに逮捕された。

私は、彼らがどの段階でも、彼らの役割と行動について否認するという煙幕を張ろうとする試みをしなかったことを認める。彼らは有罪の答弁をした。私は、半分の常識と知性しか持たない者だとしても説明の出来そうにない程に、まったく奇異で、人格不相応の行動であるとコメントせざるを得ない。確かに後から考えると幸いな二人の本当にばかげた若者は、これらの明快な意見を受け入れる。それらについては、何らの異論はなかった。

彼らは二人とも良い家庭の出身者である。二人とも加重強盗の告発で裁判所に出頭した若者にはまれなことだが、家族による機能的な支援を得るという過小評価してはならない利点を有している。たいていの若者たちは、これらの両名が持っている家族の連帯という利点を持ってはいない。そのことが、この事件を一層不可解なものにしているのではなかろうか？

私は伝統的な判決へのアプローチについて言及しなくてはならない。裁判所は、そのような事件において論理と予測可能性に関する限り、かなり硬直なやり方で、判決の問題に取り組む傾向がある。検察官は、最近のケースでの訟務長官の要請を量刑判決ガイドラインとして、法的に依拠した（ラム事件一九九七年一五 CRNZ一八)。これは、加重強盗で若い犯罪者に量刑判決裁判所によって科された拘禁刑の判決が、個人的状況と特定の状況のために量刑判決裁判所によって執行が猶予されたケースであった。その上訴裁判所は、三年またはそれ以上の範囲の量刑判決が、犯罪計画の重大性の程度と、実際の強盗の時点での行動にもとづいて、普通かつ適切であって、そしてたとえより軽い犯罪と認定する二番目のカテゴリーがありうるとしても、執行猶予を必ずしも前もって仮定したり、あるいは当然だと考える必要はないと明らかに認めた。拘禁刑（執行が猶予されない）が宣告された。検察は、頼りになる強力な権威としてこれをあてにする。

ラム事件に関する状況は、また、私は三件の併合された上訴があったと考えるが、いっそう重大で加重的な故意と状況が扱われたものと私は考える。本件はラム事件とちがって被告人のとっぴな行為の愚かさをすでに裁判所に提出し、日の当たる場所で冷静に見て、その時点ではその重大性は過小評価されることはできないとしても、現実はそれがまったくへたな事件であったということである。私は、これは事実と認められるが、これに関係した銃には発射能力がなかったということをも述べる。それは模造に過ぎず、とにかく、脅迫には使えたとしても、銃としては用いることが出来なかったのである。

これらの上訴事件の一つではピストルには弾丸が装てんされており、また他の一つは装てんされてはいなかったが、使うことが出来ると見られるものであったので、これはラムの上訴に関する事件とは同じではない。（それが同じ事件ではなかったかもしれないけれども）、攻撃という方法による暴行為があったとの様子はあるが、しかしとにかくこれらの事件で意図されていることに関する悪意で、凶悪な側面があった。この事件では、強盗が計画されたからその意図は明らかにあったとしても、ラムの諸事件と比較して、銃を使うことについての邪悪かつ凶悪な事実はかなりの程度欠けているように思われる。そこで、私は区別を描くことによって、そのコメントをする。ラム事件の論点は加重強盗に対する刑の執行猶予の判決の適切性（あるいは不適切性）であったが、同裁判所は（二五頁にあるが）、そのような量刑判決を科すことが適当であるかというまれな事例であり得たと認めた。タイラー君の弁護士は、それがこのような判決の可能性を完全に閉ざすものではないとコメントした。

私は今適切な判決の問題を提出する。訴追側の法律顧問は、私がすでに言及した射程を提案した。ボヤック弁護士は、自動車の運転手と小さい娘にナイフを示したヒッチハイカーが、強盗を犯したという状況に一八カ月の拘禁刑の判決を下したマーフィー事件を私に示した。一八カ月の量刑判決が適切であると考えると、私に告げた。刑の執行は猶予されなかったが、同裁判所は、後悔などの問題を処理する修復的司法会議の利点とその提供する支援を認めた。私が扱っている犯罪のどちらかと言うとへたな事件の本質に関してすでに言及した理由で、ラム事件で描かれた犯罪の二番目のカテゴリーでさえ私の視野にはなく、また、かくして、私が二年以上にはならない適切な期間の拘禁刑を自由に決定できると、私は今言いたい。

拘禁刑の執行を猶予するという問題は次の拠り所であり、そして私はすでにそれをする用意ができていることを示した。私は今記録のために、特別に考慮に入れる要因を手短かに要約したい。

この場合には、感激的で、識見があり、かつ成功している修復的司法会議があったのである。私が一八カ月の拘禁刑と判決して、その拘禁刑が今日開始されたとすれば、彼らの近い将来の生活を恐らくまったくだめにするだろう二人の若者が私の前にいる。我々はすべてが、もしも我々が正直であるなら、拘禁刑が発達阻害的な制裁で、また特に期間が長くなるほど積極的な再社会化の結果をもたらすことがほとんどないという事実に同意するであろう。拘禁刑は、犯罪者が社会における自由の権利と特権を失うべきであることを意味するというような性格の犯罪を犯すことに対するコミュニティの強い反感の表現に必要な懲罰の形式である。そして誰も、きっと、その考え方に異議を持っていない。けれども、彼らの特定の背景と奇妙な純真さを考慮すれば、私の前にいる若者たちの拘禁刑は、一年か二年以内に恐らくひどく世をすねた、年輩の、そしていっそう否定的に成熟した人々を作り出すであろうし、さらに、彼らの二人のためにひどく反生産的となり得るだろう。

そこで、これから修復的司法会議に話題を変えよう。ニュージーランドの最も素晴らしい市民に違いない人々にこれらの若者が会うことの利益があることをはっきりと理解する豊富な資料が裁判所に存在する。その会議の報告はその成果を明瞭に示しており、また、もしもどんな理由のためにでも私の判決が再検討される必要があるなら、読まれるべきである。そこには、被害者の側の赦しという神話ではなく、現実性が生々しく表現された感動的なコミュニケーションがあり、また、被害者は、加害者との関係が増すにつれて懲罰的でなくなるという、ボヤック弁護士が、ブレイスウェイトの解説から引用した論証が存在する。ニュージーランドでは二面的な雰囲気の中にいるから、次のことをコミュニティは学び始める必要があると、私は考えている。すなわち、裁判所の側へのいっそう復讐的で無慈悲な処罰を求め続ける大きな声がある一方で、現実的にも、これらの犯罪者と個人的経験を深めることのできる人や、これらの被害者と深く関わることのできる犯罪者は、関係する家族間に共通性があることに気づき、理解の尺度を作り上げ、さらに漠然とではあれ、慈悲という考え方へすら到達する傾向があるということである。これらの若者は、もつ権利があるとか、持つべきであるとかではなく、幸運にも持つにいたったすべてのものを経験したのだ。すなわち、若者としての彼らに対する母親の思いやりがあれば、この女性は、彼らの生活が刑務所経験で重大な悪影響や干渉を受け、否定的な方向へ向かわされるのを望まないだろうという、被害者やその支援者たちによって示された表現を、現実に経験したのである。

マーティン事件（T一九一・九七オークランド高等法院一九九八年三月二三日モーリス判事）で、また、N事件（CA四九九・九七、一九九八年四月二一日）の最近の上訴裁判所の判決で言及されたその他の事件で示されたように、多分これが意味するところについては解釈されるべきだが、狭い小道への扉は開かれていると思われる。マーティン事件で学識ある裁判官は、重傷害を辞任した者に、拘禁刑の執行を猶予した。確かではないが、それは、重大な身体障害の告発ではあったが、個人的状況にかなり細かく焦点をあわせ、また、その事件の被害者が加害者を赦しており、裁判所に対して応報的な表現を求めていなかったという事実を考慮に入れることによって、彼は、拘禁刑の執行を猶予したのである。

N事件の最近の上訴裁判所のケースで、同裁判所は、レイプによる性的暴行の若い犯罪者が執行猶予付きの拘禁刑の判決が下された高等法院の判決をくつがえした。私はそれを詳しく読んでいないので、この事件に含まれるものを深くは知らない。しかし、私は上訴裁判所判決の二二頁に注目するが、ティーンエージャーが強姦の告発に対して有罪を答弁して、そして、執行猶予付きの拘禁刑判決を言い渡されたC事件（CA、三三一一九五）を同裁判所が比較事例として言及した。その判決は、すでに、訟務長官の上訴を考慮に入れながらも上訴裁判所によって支持されていた。

N事件での上訴裁判所の二二ページは次のように述べる。

C事件で特に重要なのは、被害者の親が修復的手続に賛成し、その被害者の母親が、今まで非常に成功していたように思われた家族グループ会議に参加した。

それは私の面前のケースで起きたことであり、また、それ故に、この若者に量刑表に従って私の与え得る最大の恩恵を考慮して適切だと考える拘禁刑の期間を定める用意ができているが故に、また、特に、修復的司法の会議とその手続の特別の重要性の故に猶予した。

私は、これらの若者たちが再び裁判所の扉をたたくことは決してないだろうと考える。そして、もしも、彼がそうすると、彼らは、きっと今日見せられた慈悲深い顔で扱われることはないだろう。それ故に、私は、加重強盗に関して、一八カ月間の拘禁刑を彼ら両名に判決する。私は、その執行を一八カ月間猶予した。それは、もしも、これらの若者のいずれかが再び警察の目にとまり、そして有罪となれば、次の一八カ月間、拘禁刑という結果となることがあり、そこで、ちょうど今下した判決が活性化され得ることを意味する。私は、保護観察の勧告が、彼ら各人に適切であると考える。私は、彼らの特定の個人的な要素に言及しなかった。

それらはプロベーション報告書に含まれているが、しかし、彼ら各人にとって、私は、しばらく保護観察官の監督の下に置き、そして保護観察に服させることが、まったく彼らの性格から信じられない行動をやりかねないということを考え直すための人生の好機であると考える。そこで、それ故に、彼らは、そこに指示された生活をし、労働するという特別の条件付きで一二カ月間、『コミュニティの矯正』を付加した試験観察の下に各人がおかれ、さらに、プロベーション・オフィサーによって指示されたようなカウンセリング、そして／あるいは、その他の性格判断が行われるであろう。

S・A・ソーバーン
地方裁判所裁判官

《付録一》

内閣・保健と社会政策委員会・修復的司法パイロットプログラム

一九九七年一一月二一日

委員会要約

一 諸大臣は、資金供給の有効性に関して、修復的司法パイロットプログラムの枠組みと、その評価を承認するように求められている。

二 最近承認された、犯罪に対する戦略についての回答の中では、刑罰に焦点を合わせた介入から、効率的な犯罪の防止と更生へと財源を移行させることを求めている。この文脈の中で、諸大臣が、最近、修復的司法を調査中であることを特に指摘した（参照＝内閣（九七）M三七・一二）。

三 内閣は、同時に、マオリのプロジェクトによる犯罪を犯すことへの反応の原則目的が、刑事司法システム内でのマオリの積極的な参加を増やし、そして、犯罪者と犠牲者との両方の白人たちと比較した多すぎる率（過度の代表）を減少させることに同意した。この点に関して、諸大臣は、最近、修復的司法パイロットプログラムの開発が、マオリのために、結果（過度の代表）を改善する可能性を持っている進行中の多くの率先の一つであったことを指摘した（内閣（九七）M三六・八）。

四 可能性のある利益には下記の事柄を含む。

・刑事司法システムに投入する経費の削減、

・犯罪の公然の非難、
・拘禁刑の使用の減少と、刑務所に拘禁する量刑判決の期間の短縮、
・再犯を犯すことを減少した、
・マオリと太平洋の島々の民族に対処するために、刑事司法手続を一層適切なものにする、
・マオリと太平洋の島々民族の再犯率を減少させた、
・刑事司法システムへのコミュニティのより有意義な参加。

五　四つの地方裁判所におけるパイロットプロジェクトが、判決前の段階で、選択された事件を処理するために提案された。プログラムへの参加は、一九八五年刑事裁判法の第一四条の下に、裁判所による休廷の後にあるだろう。量刑判決にかんする最終決定は、修復的司法への犯罪者の関わり合いの結果を考慮に入れて、裁判官が行うであろう。適格なケースは、直接の被害者がいる犯罪で、刑務所に入れられ得る犯罪の特定の範囲から引き出されるであろう（これは財産に対する犯罪と、人に対する犯罪の両方である）。家庭内暴力のケースは、除外されるであろう。被害者と犯罪者の両方の参加は、さらに被害者となる機会を避けるために、自由意思でなされるであろう。伝統的な手続モデル（とくに、マオリと太平洋の島々の民族）、会議をすることと、被害者／犯罪者調停の三つの実現モデルが、テストされるであろう。それぞれの裁判所の部局のスタッフが、修復的ミーティングの運営がコミュニティを基礎にしているであろう付託を促進し、調整するであろう。

六　一九九八年にパイロットプロジェクトが設立され、二年半の間に、それが評価されることが提案された。司法省の相談を受けて、裁判所の部局が、二〇〇二年の間に評価と政策に関係することについて報告するであろう。

七　評価報告は、下記のことについてのインフォメーションを提供するよう指示された。
・既存の刑事司法システムの経費と修復的司法の経費の比較、
・再有罪宣告、
・一般的に、拘禁刑の使用と、量刑判決の変更、
・プログラムの手続、
・遵守、
・異なった実現モデルの相対的な有効性、
・被害者の満足度と、犯罪者の認識。

連立政権の合意との関係

八　この提案は、刑事司法システムでの被害者の参加と被害者支援の問題に気を配ろうという政府の願望と関連し、支援する。さらに、修復的プログラムを通じて補償をより活発に行う可能性は、犯罪者が、かれらの犯罪の行動について金銭的な責任を負うことを確実にするという連立の合意の政策提案に関連する。政府は、同じく、マオリのニュージーランド社会への完全で、活発な参加を達成するために、マオリと共に活動することを約束している。マオリと太平洋の島々の民族は、共に、刑事司法統計上、否定的な過度の代表（白人と比べてその率が高すぎること）であり、そして修復的司法の率先は、これらの両方のグループに対する適切な実現モデルに焦点を合わせる機会を提供する。

背景的情報

九　一九九四年に、成人の刑事司法管轄でのコミュニティ・グループ会議の使用の提案が、地方裁判所主席裁判官によって、促進された。家族グループ会議は、ニュージーランドの若者司法システムの不可欠な部分であり、その提案は、そのアプローチの上の建造物であると見られる。これが、意義深い新しい政策を代表するであろうから、また、種々の利害関係グループが、彼らの見解を提供したいと望んだように、司法省は、公的な諮問を容易にするために論議のためのペーパーを準備した。

一〇　内閣の諮問相談の後に（内閣（九五）八九五、ＡＢ（九五）Ｍ三九・一三）、論議のためのペーパーが、一九九五年一一月に公表された。多くの意見開陳が、一九九六年一〇月まで受け取られ続けられて、全部で、一一二件になった。全体的に、大多数の意見開陳は、修復的司法に賛成するものであった。

海外の経験

一一　海外の修復的司法プログラムの評価は、好意的な結果を示唆するが、しかし、これらの調査結果は、直接に、ニュージーランドに適用可能であるという程度に留まる。そこで、修復的司法の広範囲にわたる導入の経費と、利益にかんする適切な査定が必要である。パイロットは、見識のある決定に必要なデータを提供するであろうし、また、公的な意見の開陳が、このアプローチに対する支持を示唆する。

公的な意見の開陳の分析

一二　開陳された意見の大多数は、修復的司法に好意的であった。その概念を支援した人たちの間で、慎重に運用されることが望ましい、との意見があった。また、十分な資金が提供されることや、パイロット・プログラムには絶えず監視や評価が必要であるとする意見があった。

一三　修復的司法により、現在のシステムは潜在的に改善していると見られた。刑事司法システムへのコミュニティの関わり合いを強く望む声があり、そして、被害者の必要とするものが、全ての発展の中心に据えられるべきだということに、強い関心があった。共通の論題は、現在のシステムはマオリのために不適当であるということであった。修復的な手続が、文化的な多様性を認識されることが出来るようにし、また、マオリのコミュニティの権限を確認し、強くする機構にもなり得るので、マオリの必要とするものに、より大きい感受性の期待を提供すると考えられる。太平洋の人々の代表者は、一般的に、修復的司法の概念を支持する。

一四　（一一二件の内）九件の意見具申が、修復的司法に強く反対した。この意見についての理由には、それがあまりにも寛大であるとか、重大な犯罪者のコミュニティへの復帰についての心配や、また、修復的司法によっては被害者は救われないだろうし、一般予防を提供しないであろうという信念が含まれた。

パイロット・プログラムの必要性

一五　刑事司法システムが、出来るだけ効率的で、経費効果があるように運営されることが重要である。従って、この国での刑事司法の運営の受け入れられる部分として、成人に対して修復的司法を取り入れることの経費と利益は、適切に査定される必要がある。

パイロットのための枠組み

一六　パイロット修復的プログラムは、一九九八年に実験を開始して、二〇〇二年まで続けられるであろう。もしも、諸大臣が、提案された枠組みを承認すれば、詳細な開発の仕事は、着手されるであろう。場所選択の基準は、すべての関心を有する行政機関と相談して裁判所の部局によって開発されるであろう。それぞれのパイロットの場所で、ローカルなコミュニティとの相談があるだろう。

一七　ほとんどの西洋諸国における、成人のための修復的プログラムは、被害者／犯罪者調停（mediation）モデルを利用し、他方、少年のプログラムは、家族グループ会議を使うという傾向がある。先住民のモデルは、文化に関係した伝統的な実践に依存している。それぞれのパイロットにおいて、伝統的な手続きモデル（特にマオリと太平洋の島々の民族の）、会議をすることと、被害者／犯罪者調停を含むことが提案される。参加者は、その時に、最も効果的に自分たちの必要性を満たすモデルを選択することが可能であるであろう。被害者と犯罪者によって、異なった選択がなされた場合には、被害者の選択が優先するであろう。

一八　裁判所の部局は、パイロット・プログラムを管理するであろう。それは、それぞれの場所で、付託を促進し、調整して、そしてサービスの提供をモニターするために、全国のオフィス・プロジェクト・マネージャーと、スタッフを雇用するであろう。被害者と犯罪者の間のミーティングを促進するためのサービスが、コミュニティから、「サービスの料金」の基準で、プログラム・コーディネーターによって購入されるであろう。

一九　四つの場所が、一般的に、修復的司法と、実現モデルの両方についての評価のために、十分なケースが獲得されることを確実にするために含められる。これは、異なったタイプのコミュニティと社会的な構造を有する場所で、その概念が、テストされることができるようにもする。六カ月間の準備の期間の後に、二会計年度の一年目に、およそ一二〇〇のミーティングが行われ（二五％の取り上げ率で）、二会計年度の最後の年で、二四〇〇のミーティングの運営に上昇することが予想される（三三％の取り上げ率で）。その評価のためのデータが、二年半の間に、結果を算定するために望ましい最小限度が集められるであろう。そのパイロットは、政府への報告が出るまで運営され続けるであろう。

二〇　ケースの選択は、拘禁刑が科される可能性があり、直接の被害者のある（財産に対する犯罪と人に対する犯罪）特定の犯罪の種類に制限されるであろう。

被害者と犯罪者の両方の参加は自発的であるであろう。拘留中の犯罪者たちは、保釈中の人たちと同じ方法で参加することが認められるであろう。

二一　一九八五年刑事裁判法の第一四条は、その犯罪者が有罪であると認定された、あるいは有罪を認めた後、ケースを扱うことについての最も適切な方法を決定するために、ケースの判断を延期する権限を裁判所に与えている。この権限は、以前には、被害者／犯罪者のミーティングを準備し、判決の過程で、それらのミーティングの結果を考慮するために裁判官によって使われていた。

二二　左記の理由があるとき、判決前の段階に行われることが、提案される。

・有罪が決定された、
・犯罪の広いグループを含む機会がある、
・判決（拘禁刑の使用を含めて）が、その結果によって影響を与えられ得る、
・その概念が、すでに、有罪決定前（ディバージョン）段階で、犯罪防止ユニットによって後援された三つの小規模パイロットで試されていた。これらのパイロットの評価は、一九九七年の終わりまでは利用可能であろ

う。そしてこのペーパーで提案された、もっと大規模なパイロットの評価から生成される一層信頼できる情報を補完するであろう。

二三　修復的ミーティングが行われるケースは最低二週間の延期が必要とされるであろう。これは、ケースが処理される時に、影響してくることになる。それがなければ、有罪判決で直ちに、量刑判決が科されたであろうケースで延期されてしまうと、処分が遅れてしまう。他の人たちにとって、修復的な過程は、判決前の保護観察調査と同時に、進行することができる。裁判所の処理過程での効率の如何なる損失も、司法システムにおける被害者、犯罪者とコミュニティによる一層有意義な参加の利益と、量刑判決決定のためのより広いベースの情報によって埋め合わせられ得るであろう。

二四　司法部は、完全な裁量権を維持するであろう。第一四条による延期の前に、有罪判決に入る必要はない。かくして、裁判官は、有罪判決なしに、釈放を命ずることが可能であるであろう。ワークやサービスのような、修復的合意の若干の要素が、最初の延期の間に満たされ得るだろう。他のケースでは、最終の処分決定の前に、さらに、確認されるために行われることを許すために、裁判所は、そのケースを延期することを選ぶことも可能である。如何なる修復的合意の要素でも、既存の量刑判決の定義に相応しい、適合した量刑判決として科されることも可能である。

パイロットの評価

二五　評価のための資金供給が含まれた。その評価報告は、下記のことに関してインフォメーションを提供するであろう。

・現存の刑事司法システムの経費とパイロットの手続きの経費の比較、
・再有罪判決、
・一般的な拘禁刑の使用と量刑判決の変化、
・プログラムのプロセス、
・規則遵守、
・異なった実現モデルの相対的な有効性、
・被害者の満足と犯罪者の認識。

財政上の意味するもの

二六　パイロット・プログラムのための資金供給と、その評価は、既存の基準線の内部では、満たされることができなかった。その評価には、可能性がある節約の査定を含めたい。しかしながら、重要な節減は、中期から長期的には、起こりそうもない。

二七　一九九七年三月一二日でのこれらのプロジェクトの示したコストに基づいて、手始めの予算額は、その会計年度の予算案の処理の一部として会計局長官と、その職員に提出された。しかしながら、それは後の考慮のために据え置かれた。

二八　一九九七年三月以来行われた提案で、一層詳しく述べられた作業を基礎にして、議決による第三級の裁判所部局支出の増加が続いた。ケースを処理すること。犯罪者が、一九九八／九九年の手始めの予算額の一部として求められるであろう。

一九九八／九九年度の一五〇万四五八ドル（物品・サービス税を含む）
一九九九／〇〇年度の一八五万一七五〇ドル（物品・サービス税を含む）
二〇〇〇／〇一年度の二〇六万六六二五ドル（物品・サービス税を含む）
二〇〇一／〇二年度の一八〇万二八一三ドル（物品・サービス税を含む）

一九九八／九九年度の手始めの予算額の一部として、他の司法の分野の独創性と比較した修復的司法の優先権と、政府の戦略上の目的の一貫性とが決定され、そして、より低い優先結果が確認されるだろう。

立法上の意味

二九　提案されたパイロット・プログラムは、新しい立法の準備なしで、進めることができる。

広報

三〇　修復的司法にかんする政府の決定に対して、相当な関心があるだろう。そこで、大臣の決定の公表に続いて、公共の意見開陳の同省による分析が公表されることが提案される。これは来年度予算の発表の脈絡で行われるであろう。

諮問

三一　そのトピックに、関心のある下記の政府機関の意見が聴取された。矯正、刑事法、裁判所、太平洋諸島問題、ニュージーランド警察、総理大臣と内閣、重大詐欺対策局、社会福祉、テ・プニ・コキリ、交通、大蔵省、女性問題と若者問題。彼らの見解は、このペーパーに反映されている。その提案は、司法部に端を発し、一般に、司法省によって支持されている。

勧告

三二　私は、下記のことを内閣に勧告する。

(a) 政府出資のパイロット修復的プログラムを確立し、評価するという提案が、犯罪戦略に対する回答（内閣（九七）M三七・一二）と、マオリによる犯行のプロジェクトへの回答（内閣（九七）M三・八）の重要な構成要素であることを指摘する。

(b) 修復的司法に関して司法省によって行われた公的諮問の試みが、コミュニティの内部で、その概念に対する強い支持を示したことを指摘する。

(c) 修復的司法の独創力の可能性がある利益が、刑事司法システムと犯罪の告発の経費を減らした、拘禁刑の使用の減少、実刑判決の長さの縮少、再び犯罪を犯すことを減少させた、刑事司法をマオリと太平洋民族に一層適切なものにし、マオリと太平洋民族によって再び犯罪を犯すことの削減、刑事司法システム内への一層有意義な被害者の参加と支援、コミュニティの刑事司法システムへの一層有意義な被害者の参加を指摘する。

(d) 資金供給の可能性に関して、下記のことに同意する。

①修復的司法プログラムが、四つの地方裁判所の所在地で試験される。

・判決前の段階で行う、

・適格なものとして、直接の被害者のある財産犯罪と、暴力犯罪の範囲を含める、
・被害者と犯罪者による自発的な参加を受け入れて、伝統的な手続き、会議をすること、および、被害者／犯罪者調停モデルをテストする、そして
・コミュニティからの手がかりの伝達サービス。
② ①で記述された試験の詳細な実行計画は、広範囲の政府機関とコミュニティの組織と相談して、裁判所の部局に任命されたプロジェクト・マネージャーによって開発される。
（このペーパーは、公的情報法の下に、一九九八年三月に公開された。一九九八／九九年の予算が、これらの勧告を実行するように要求される出費を含んではいなかった。）

《付録二》

地方裁判所主席裁判官から司法長官への手紙

一九九四年六月一〇日

D.A.M.グラハム殿
司法長官
下院議員
議会ビルディング
ウェリントン

謹啓

私は、最近の全国地方裁判所裁判官会議でフレッド・マッカレー裁判官によって提出されたペーパーのコピーを同封しました。

マッカレー裁判官のペーパーから、彼が『子どもたち、若者たちとその家族法』の若者司法規定に内在する思想と原理の成人への拡張を提唱しておりますことをご理解戴けると思います。

従って、私は、パイロット計画案が、成人の刑事裁判所に、そのような考え方の有用性をテストするために導入され得るかどうかについて考慮していただくために、この手紙を書きました。

司法省法律改革部、またおそらく、同じく法律委員会に考慮していただくべく、このペーパーを付託するに相応しいとお感じになることでしょう。
私は、あなた様からのお便りをもらうことを楽しみにしています。

敬具

R.L.ヤング
地方裁判所主席裁判官

《付録三》
新しい関心を創造すること＝「懲罰的司法」から、「修復的司法」への移動

（牧師の手紙、ニュージーランドカトリックの司教会議、一九九五年九月一日）

全ての社会で、犯罪と法と秩序の問題が、公共の意識に不気味に迫ります。ニュージーランドでも、例外ではありません。人々の間で、公正で、正しい振る舞いが、良い社会の心臓の鼓動を構成します。我々すべては、我々の家で、我々の道路上で、我々のコミュニティで安全を感じる必要があります。

近年、犯罪が拡大してしまいました。殺人、路上暴力、性的暴行、侵入窃盗、窃盗、家庭内暴力、自動車窃盗とホワイトカラーの犯罪が、いっそう広範囲に広がってしまいました。それでも、なおかつ、そのような犯罪を扱う伝統的な手段では、仲直りと、癒しをもたらすことが不可能のように思われます。再犯率が高いままなのです。

刑務所産業は、膨れ上がっています。犯罪の恐れが、あまりにも多くの人々を威圧しています。我々は、この国の隅々から流れ出る真の司法のために、何が必要であるかを再評価する時であります。

我々は、天地創造の世話役となり、この国土を守って、そのすべての人々の尊厳性を高めることを神によって命じられています。犯罪は、伝統的に、社会の不正がまさるほとんどの場所で拡大します。ニュージーランドには、非常に多くの社会的不正が残っています。特に、手ごろな値段の住宅、適切な給付、良い健康管理と、もっと多くの雇用を供給することについての絶望的な貧困があります。これらの分野での欠乏が、ほとんど避難所やお金や希望もなく、適切には食べられない状態で、ひどい健康状態に残される貧困者に対する一つのタイプの構

造的な暴力を構成します。これらは全てが、政府が、優先して取り組むべきである領域であります。

しかし、社会的欠乏は、個人的な無法状態と犯罪の原因であってはなりません。貧困は、相当数の犯罪にとって、その環境を提供するかもしれませんが、しかし、それは弁解を提供するべきではありません。どん欲と、わがままが、第一の原因でもあります。我々は、すべて、我々の隣人に向かって、責任を持って、そして穏やかに行動をするようにと求められています。他人に対するどんな形式の暴力でも、キリストの教えの否認と、人々の尊厳性に対する侮辱であります。

伝統的に、我々の社会で、警察は法と秩序を持続することに責任があると考えられています。彼らがコミュニティに敬意を持っている時にだけ、これは、十分に行われることができるのです。もしも、基本的な不正行為が取り組まれないなら、そして、もしも、警察が継続的に認知される不正の状態で法律を維持するよう求められますと、その敬意は侵食される危険があります。

刑事司法システムそれ自身は、非の打ちどころがありません。我々は、世界中で最も良い刑事司法システムの一つを持っているとの誇りを持っていましたが、その結果は、常にその判断を正当化したというわけではありませんでした。キリスト教の見地から、刑事司法システムが、復讐の感情から生じる、主として刑罰に焦点を合わせる懲罰の哲学を基盤として作られたと言っても差支えがなく、否定的な哲学は、否定的な結果を生じるでありましょう。

さらに、対審システムが、定義によって、常に特定の問題の真実を見いだそうとはせず、むしろ、一人、あるいは他の当事者のために勝利を求めるものです。そのようなシステムは、犯罪者に、自分の行動について個人的責任を認識するよう奨励せず、そして、それが災難であったと、被害者に感じさせておくものです。

近年、我々は非常に不相当に多数の人々を刑務所に入れるという厄介な記録を保持していました。一九八九年に、ニュージーランド司教会議が、我々の多くの刑務所の構造の状態を「人間の尊厳に対する侮辱……と国の血流の中の毒」だと描写したことには十分な理由がないわけではなかったのです。

我々は、それが否定的で、通常、反生産的である根拠を基礎にする懲罰の哲学に異議を唱えます。我々は、それが、聖書の中のイエスの手本と、教会の教えと正反対であると信じます。それは、イエスの復活が示そうと努める、正しく、その希望と変換の可能性に着手します。

修復的司法

修復は、聖書の司法システムの主要な焦点でした。タリオの法、比例の法律の概念、「目には目」で表現されるような概念の広くポピュラーな誤用にもかかわらず、聖書の伝統は、修復的なフォーカスを持っています。それはシャローム（平安）を求める必要、全ての人々の平和と福利に基づいていました。シャロームは、対立がないということだけを意味するのではありません。それは、正義と正しい関係とを一緒にした平和を意味します。法律は、シャロームを守り、そして促進するためにありました。

人々が、ヤハウェ（神）と合意した神聖な誓約を新しいものと取り替え、修復する必要性が、シャロームと結合しました。犯罪は、常に、この神聖な契約の破棄であり、そこで、修復することが必要なのです。コミュニティの反応を和らげるという、さらなる必要物として、聖域（避難所）が不可欠な要素となり、そこは、貧しい人々、無用とされる人たち、未亡人と孤児の特別な保護を行います。記念祭（特赦）の年には、負債が免除され、さらに、その司法のプロセスに、慈悲、癒し、新たな生命と新規まきなおしをもたらそうと求めました。

我々は、この国で若者司法に適用したように修復的な過程の成功を忘れてはなりません。我々の古代のマオリの伝統を引き出し、そして近代的な識見を結合させて、若者司法がコミュニティで素晴らしい真の力になり始めました。それは、犯罪行動によって引き起こされた損害を修復するのを手伝うとの観点を持って、犯罪者が、彼らの行動を個人的責任と認識し、被害者が癒しと幸福の修復を求めるのを奨励し、そしてコミュニティが、犯罪者と被害者の両方の人間的尊厳を認識するよう挑戦するのを手伝おうと求めています。

我々は、今日、そのメッセージと、犯罪の問題（法と秩序）に適用することを熟考する必要があります。

キリスト教のメッセージの不可欠の部分が、和解に導く赦し（容赦）、慈悲と癒しの概念であります。これは、イエスが十字架の上で、人類の家族のために勝ち取ったものです。これらの贈り物（賜物）は、キリストの信者たちが、すべての状況の下に、どんな年齢ででも実践しなくてはならないものの不可欠の一部を形成します。それらは、実践するべき全ての美徳の中で最も難しいものです。人々の怒り、苦痛と恨みの心から、同情、癒しと慈悲の心へと変えることを、実務が必要としています。このような小道の終わりに、本当の仲直りが横たわります。もしも、神がカルヴァリー（磔の地）の上のキリストの愛を通して我々を赦されるならば、同じく、我々もお互いを赦さなくてはならないというのが、キリスト教の教えの核心にあるものです。そして、我々は七回行わなければならないのではなく、七七回の七倍なのであります。

刑事司法の懲罰のシステムの中には、容赦や、仲直りの余地がほとんどありません。犯罪の被害者は、刑事司法のプロセスから除外されるべきではありません。彼らは、自分の言いたいことを聞いてもらい、そして仲直りと癒しに導くであろうプロセスにアクセスする機会を必要としています。

犯罪者は、あまりにもしばしば、犯罪が起こす社会の大混乱を考えないで、彼らの犯罪を繰り返します。被害者は、しばしば惨めになって、彼らの怒り、深い悲しみと痛みを一生涯、心に抱きます。より長い、一層厳しい刑罰を要求することによって、コミュニティは、犯罪者に対して、その心を硬直させます。

結論

イエス・キリストのゴスペル（福音）を教える者として、我々は同情、慈悲、癒し、適切な場合に承認と、仲直りに導く容赦を、公正で正しい刑事司法システムの中心に置くことであると考えます。最悪の犯罪者でさえ、キリストの血で救われた神の子どもたちのままです。もしも、癒しと仲直りが、そのような約束の焦点であるとすると、被害者は、より一層活発に刑事司法システムに関わる必要があるというのが我々の意見であります。

我々は、我々の裁判所と刑務所が修復的司法に向かって、その動きがとられることを拍手喝采し、さらに、我々は、命と愛の福音のメッセージに希望をもたらそうと努力するチャプレン（礼拝堂勤務の牧師）と、その他の人々の活動を非常に高く評価します。

成人のための修復的司法のプロセスは、一層、積極的な焦点を提供するでしょうし、また、刑事司法のより健全な、より公正な、そして一層積極的な形式を保証するでありましょう。

《付録四》

修復的司法にかんする司法省のペーパーに対する修復的司法ネットワークの回答

一九九六年五月三一日

序論

我々は、修復的司法についての論議が、現在の懲罰的な司法システムの一般的な失敗との関係で起きるべきであると信じる。手短かに言えば、我々は、現在の刑事司法システムが、常習犯、再犯を犯すこと、および拘禁刑の率が高いレベルにあるという不充分な結果しか達成してはいないと認識した、一九九五年一一月の**NZLS**（ニュージーランド法学会）の刑法委員会の分析に同意する。一九八〇年代と一九九〇年代を通じて連続した刑事司法批評は、犯罪者を捕まえ、その被害者や我々のコミュニティをより安全にすることについての我々の現行のシステムの失敗を強調した。すべての報告が、我々の現在のシステムが高価な失敗であることに意見が一致している。

修復的司法が、社会による考えにパラダイムの転換を含め、また、懲罰的司法のそれとは異なった目標を求めていると、我々は理解している。現在、刑事司法システムの目的と目標を考え直す必要のないものは何もない。

修復的司法の基礎をなしている哲学は、基本的に個人の人権を唱え、保護する法治主義や、適法手続と一致しないものではない。それは、それらの原則を減じるであろう方法で、有罪あるいは責任ありとすることを求めるものではない。それは、一度、有罪あるいは責任が認められるか、あるいは確立されると、犯罪の行動によって影響を与えられた全ての者への結果が完全に処理されることを確実にすることを求めている。

予備的論点

●我々は、修復的司法の過程が、我々の現在の社会のシステムのすべての不適当な点を元に戻すことを希望することは出来ないことを申し上げたい。貧困、失業、広範囲にわたる中毒、虐待的な関係、不適当な教育、文盲、住宅、ヘルスケアと道義的な形成が、すべて、多くの犯罪者と犯罪の被害者のタペストリーの背景の部分を形成する。そのような人々と共に修復的司法を処理することは、彼らに、前進する積極的な方法を提供し、そしてその方向に動かすために必要なステップをとることとの奨励を提供する試みである。容易に利用可能な雇用計画、もっと安い住宅ローンと公営賃貸住宅、協同組合の事業が、犯罪の主要原因の幾つかを一層効率的に処理するよう開発され得る多くの提案の幾つかである。関係者が、頂上にあるもっと良いオプションに登ることができるようにするためには、絶壁の底のはしごが必要である。我々は、成功した修復的司法が、より健康な、より安全な社会をうち建てる方向への小さなステップとなるであろうと信じる。

●我々は、予防的処置が非常に貴重であると確信している。小さい子どもの時の介入、子育て技能のプログラムを開発すること、学校での学習困難をうまく処理すること、安定した家庭環境を提供すること、および多くのその他の類似のプログラムが、犯罪防止処置として極めて重要である。

●我々の回答の中心は、修復的司法のプロセスが、犯罪行動と再犯を犯すことの循環を壊すことに役立つという信念である。現在のところこれを行うことは、ほとんど、生じてはいない。我々は、それが、すべてうまく行く訳ではないことは認める。我々は、けれども、現在のシステムより、実質的に、さらに多く建設的に働くであろうと信じる。

●同じく、我々は、成人の犯罪者の関係者たちの間の仲間からのプレッシャーのないことと、より大きいレベルの成熟の故に、その結果は、この国で、若者司法によって達成されたもの以上に実質的に一層積極的であるであろうと信じる。我々は、それは、関係しているすべての人々にもっと良い選択肢を提供し、そして、司法のための税金の一層生産的な利用を提供するであろうとも確信している。

●再犯を犯すこととの関係で、修復的司法の実践の長期の結果を立証する、あるいは予測することは可能ではないけれども、既存の量刑判決オプションが高いレベルの再犯を犯すことに導くという明確な証拠があると、いうことは可能である。

●我々は、人員削減と資金の縮小が、家族グループ会議の継続する成功と運営に与える有害な影響に警告付きで特に言及する。適切に資金を供給されないプログラムの失敗は、その基礎をなしている考えが間違っているとか、あるいは効果的ではないことを立証するものではない。それは、ただ、実行メカニズムが、そのプロセスが基礎を置いている概念を故意に妨害したことを立証するに過ぎない。

●我々は、現行の懲罰的手続きでは、被害者たちがほとんど個人的な発言権を持っていないことを、鋭く意識している一方で、我々は、同じく、国家が、彼らのために公的に行動していると認識する。我々は、修復的司法のプロセスは、それを選んだ被害者に、よりずっと個人的な承認を提供し、そして、もしも、彼らが刑事司法プロセスの中心に選ぶならば、彼らを正面に置くであろうと信じる。特に、女性たちと子どもの被害者のために、防護されるべき必要のあるものは、犯罪者と面接することとの結果として起こる二重に被害者となることである。犯罪者が、被害者以上に腕力を有しているから、ある場合には、最初の被害者が、会議に出席することは、初めの内は適切ではないかもしれない。これは、例えば、女性たちと子どもたちに向けられた暴力を含んだ性的な犯罪のケースに当てはまるだろう。そのようなケースでは、今までどおり、最初の被害者のために話をすることができるようにするために、第二の被害者に出席することを許すことができる。家族を出席させるようにすることは、もっと良い力のバランスを作ることについての一つの方法である。よく訓練された促進者が、ここで重要な役割を演ずるであろう。

●判決での公平が、表面上公正で正しいように思われる一方で、あまりにもしばしば、それが犯罪者と関連する違いのある状況を考慮に入れることをしないでいる。修復的司法のプロセスは、一層建設的で、積極的な方法でこれらの違いを処理するであろう。

●我々は、家庭、学校とコミュニティで、すでに実行された調停の広範囲にわたる使用を認めている。これらは、今日、彼らの子どもたちを後押しする多くの方法、学校での非暴力仲裁プログラム、運動場の調停、苦しんでいる人の代弁、民間の論争の私的な仲裁と小額裁判所と借地借家審判所を含めた法廷を含む。すべてが、修復的な哲学の要素を使っている。誰も、修復的司法の包括的な術語を主張するべきではない。刑事司法の問題で、被害者と犯罪者を調停に引き込まない。

●我々は、裁判所に出頭し、その結果として刑務所に入れられる精神的・情緒的に障害のある人々の増加する数にも気がついている。修復的司法のプロセスが、このような犯罪者を適切に扱うように、特に、要求されているように思われる。

●我々は、一定のパーセンテージの犯罪者が、彼ら自身の利益と、コミュニティの利益のために拘禁されるべきであろう。しかしながら、現在刑務所に入れられている数の小さいパーセンテージの者のみが、そこに入れられている必要があるだろう。そのような人々は、拘禁刑にかんするジュネーブ条約の必要条件を満たす「人道的な抑制」の範囲に保持されるべきである。

諸勧告

●我々は、今が、成人の犯罪者に修復的司法のプログラムを拡大するべき時であるとの強い意見をもっている。それらの主要な目標が含むべきものは、

・犯罪によって引き起こされた損害のいくらかを修復するチャンス、
・被害者のためのより良い取り扱い、
・犯罪者が、彼らの犯罪に対する個人的責任を認識するよう奨励すること、
・被害者と犯罪者の癒しが始まる機会、
・必要な場合には、現実的な、援助となる制裁、
・彼らの生涯の早い段階で、刑事司法システムから、多くの犯罪者が取り除かれる機会、
・刑務所数と累犯のゆるやかな縮小、
・同情、癒し、慈悲と容赦の実践を通じての和解の可能性。

●我々は、次の理由から、そのプロセスが統合されるべきであると信じる。

・刑事司法制度の付属物としてではなく、主要な手段として、統合されるべきであると信じる、
・それは、もしも、システムがただパラレルであったなら、大衆の目から見て、それほど変化はないであろうから、刑事司法プロセスの「完全性」を維持するのに役立つであろう。

●我々は、そのようなプロセスは、犯罪者による責任の容認の表示があることを条件として、有罪の宣告の前に

行われるべきであると信じる。もしも、そうでないならば、伝統的な裁判所のプロセスに進むべきである。

●我々は、犯罪者がコミュニティ・グループ会議の必要条件を満たすことを条件として、有罪宣告に入る必要はないと信じる。このプロセスの完全性を保証するために、我々は、その合意を満足に完了すれば無効となる執行猶予判決のように、有罪宣告の猶予を勧告する。

●我々は、コミュニティ・グループ会議を、修復的司法システムの主要な手段として、強く支持する。これは、逮捕の後の中間の段階として取り入れられるべきである。そのような会議は、熟練した促進者によって召集されるであろう。また、国家によって十分に資金提供がなされるべきである。我々は、促進者たちが、修復的司法の過程の成功のために重要であって、専門家の訓練を必要とすると信じる。彼らは、修復的司法促進者、あるいは修復的司法専門家として登録されることができる。

●我々は、コミュニティ・グループ会議の行事が孤立して、そして長期間の効果と価値が、それによって限定されないようにするために、CGCが開かれる脈絡を認識し、また、これに関係した全ての人々のために協力的な環境を提供する必要がある。被害者と犯罪者の両方が、CGCの後に、彼らの必要とする利用可能な外部の援助が得られるよう保証することの必要性の明白な認識があるべきである。

●我々は、一定数の特に正当とされた裁判官の統括するパイロット法廷が始められ得ることと信じる。我々は、最初の三年間に、最低六ヶ所のそのような法廷を提案する。これらは、ノースランド、オークランド、南オークランド、ホークズ湾、クライストチャーチとティマルーのような地区に置かれることが可能である。これは、全国を相応に代表するサンプルをカバーするであろう。少なくとも一五年以上の期間にわたって、これらの法廷がモニターされ、同じ期間、伝統的な法廷で扱われた類似の犯罪との関係で、成功あるいは失敗の測定可能な割合の間で、比較研究が行われ得る。若干の専門家が、発展がなされたという明確な画像を確認するために、全ての努力が払われるであろうと信じている。

●我々は、人間性という条件のもとで、彼らが、将来、犯罪を犯したことの損害を修復することを励ますために誘因が必要であると信じる。クリントン・ローパー卿が、再社会化センターにかんする彼の勧告を組み立てる時に、これを認識した。そのために、修復的司法の過程の適格性は、最初は、彼らの犯罪を犯したことについての責任をとった人々に依存するべきである。しかしながら、もしも、無罪と申し立てて、有罪と認定された場合には、犯罪者がその後、責任をとり、そして／あるいは被害者が修復的な過程を求めるならば、そのプロセスは、量刑判決の時にも利用可能とされるべきである。

●修復的司法の他にも、開発される事が出来たはずのその他の修復的実務がある。

① マオリに彼ら自身のプロセスの権利を認めるワイタンギ条約の第二条を適切に承認すれば、マオリは、彼らの伝統に従って司法を遂行するという選択肢を与えられるべきである。どのようにこれが最も良く達成されるだろうかについては、マオリの間の広範囲にわたる諮問が、行われる必要がある。

② 再社会化センターは、大ざっぱに「被害者のなき犯罪」と説明される犯罪を含める特定の犯罪を一層効率的に取り扱うために、その種類においても数においても拡大されるべきである。これらは、しかしながら、現在の政策のモデルではなくて、クリントン・ローパー卿の刑務所システム・レビューに含まれたモデルに従うべきである。立法が、単純な改正を必要とするであろう。これらの再社会化センターの若干は、最初は、薬とアルコールの乱用、性的逸脱、男性の暴力、度重なる自動車窃盗と侵入窃盗、不正行為と交通違反の結果として生じた犯罪に焦点を合わせることができた（例えば、繰り返された無免許運転）。これ

らの全ては、必ずしも居住施設である必要はない。

③　修復的過程は、単純に、犯罪者／被害者仲直りを含むことができた。これは、カナダと合衆国で、今、数年間実践されているモデルに類似したものであり得る。

●我々は、修復的司法の過程のための普遍的な適格性があるべきであるとの強い意見である。我々は、ある時には、最も重大な犯罪に、修復的な過程が適切ではないかもしれないことを認識する。しかし、修復的司法は、水平思考を必要とする哲学であり、また、その特徴はその柔軟性である。現行のシステムが、処理することの出来なかった疑問に、正面切って直面するのを手伝う哲学と実践である。従って、それは広い洞察力と広い視野を含んでいなくてはならない。例えば、重大な性的暴行の被害者は、初めの内は、修復的な過程に関わることを望まないかもしれないと思うかもしれない。けれども、それは変化するかもしれない。そのような被害者は、適切な時に、その手続に関わることが出来る。ほとんどの被害者は、とりわけ、彼らが悪いことをされたということを、犯罪者によって承認されることを望むものである。

最も重大な事件でさえ、もしも、被害者の癒しが十分に進んでいたならば、犯罪者と被害者の両方の利益に量刑判決を通して、ある程度、修復的司法の概念を導入することは可能であるだろう。海外の経験が、大抵の被害者が、基本的だが、重大な疑問、もっとも強烈なものの一つが、「何故、私が?」であるというのであったことを示した。謀殺と故殺のケースで、死亡した人の家族のように、二次的な被害者として巻き込まれる可能性もあった。

●我々は、暴力犯罪もまた、修復的な過程によって取り扱われるべきであるという確固たる意見である。それは、手続から削除されることを示唆して、困難な論点をあまりにも簡単に、単に、避けているだけである。確かに、たいていの他のもの以上に、暴力犯罪者たちが、彼らの犯罪の効果を理解し、また、彼らの行動の結果の重大性に直面する必要がある。修復的司法の過程が、その機会を提供する。

●我々は、修復的選択肢の可能性への付託が、単に、逮捕と裁判所への出頭の過程の一部を構成するものと信じる。もしも、犯罪者が、反省の後に修復的な過程を選ぶならば、そこで、そのような手続を整えることが、その職務である司法の職員の前に、これが提起されるべきである。それが、新しい考え方のパラダイムの下で運営されるであろうから、警察、被告側弁護士、保護観察官と裁判官の全てが、引き起こされた損害の「修復」と、修復的哲学のその他の目標に向かって努力する義務を有するであろう。それは公式の政策となるであろう。

●修復的司法が、コミュニティに再び権限を与えることを含むから、我々は、特に、修復的司法の過程の開始と実行に関して責任を有する新しい政府サービスが設立されることを勧める。修復的司法の過程に関連している政策選択を監督するために選ばれ／任命されたコミュニティを基礎にした委員会（約束の両当事者の代表者）に責任があるであろう。約束の両当事者は、これらの新しいプロセスを開発するよう等しく奨励されるべきである。この新しい組分けは、大臣の下に、現在すでに確立されているサービスと並んで留まることが出来た。もしも、それに成功しようとするならば、新鮮なエネルギーとして、革新的な考えと新しい考えが、特に重要である仕事を現在の政府サービスに与えられるべきであるとは信じない。古い方法は、ただ適切ではないだけである。

●法律に関して、我々は、修復的司法の過程での如何なる強制の形式にも、反対である。それらは、関係者すべての善意に依存している。そのようなプロセスをくつがえす事が出来るには、自発的な参加が必要である。

結論

新しい考えが実行のために十分に熟している時に、歴史的重要性がある。もしも、社会の政策のエリアが、現在、このような考えを最も必要としているならば、それは刑事司法のエリアにあるであろう。新しい千年間の初めは、我々に、前の世紀の損害のいくらかを元に戻し始め、また、刑事司法の舞台に関係している全ての人々に対する新しい希望のやりがいのある構造を確立する機会を与える。

我々は、修復的哲学に基づいた新しい、新鮮な、そして革新的な考えが、コミュニティで犯罪を、一層積極的・効率的に処理するのを助けることが出来ると確信している。我々は、問題が複雑であることを明確に理解する。しかし、我々は、刑事司法の現在の懲罰的司法のシステムが、後には、もっと多くの犯罪を作り出す否定的な心理を再び強めるだけであることをも、確信している。故ニール・ウィリアムスン判事は、「修復的司法を実行することにおける如何なる実務的な問題も、慈悲と容赦に加えて、和解、賠償と癒しの基礎をなしている概念を減じるべきではない」と語った。

新しい千年紀は、新しい形のものが待ち受けていると手招きをする。動く時が、熟している。もしも、今でなければ、その後は、決してないだろう。これのようなビジョン（夢）は、続く世代に残すべき価値がある遺産である。

訳者あとがき

訳者の一人、高橋がジム・コンセディーンの『修復的司法』（RESTORATIVE JUSTICE）を知ることになったのは、一九九五年に、ダンカン・チャペルとポール・ウイルスンとが編集した『オーストラリアの刑事司法（AUSTRALIAN CRIMINAL JUSTICE）』を、ボンド大学のポール・ウイルスン教授から贈呈を受け、そこに所収された、ナフィーンとヴンダージッツの共著の『少年司法の傾向』という論文を読んだのが始まりでした。その論文には、「犯罪の被害者と、その加害者との間の葛藤（conflict）を修復しよう」という『修復的司法』の考え方が評価されていること、およびニュージーランドがすでに（一九八九年）に『修復的司法』の考え方をとりいれて『若者司法（少年法）』を完全に変えてしまったと書かれていたのを知ってショックを受けたものでした。

そこで、ウイルスン教授に、『修復的司法』について詳しく知りたいと告げると、クイーンズランド州ブリスベーンの『カソリック・プリズンミニストリー（刑務所改革・廃止運動のグループ）』を紹介してくれたので、そこを訪ねてみました。この会をたずねた最大の収穫がジム・コンセディーンの『修復的司法』を入手したことでした。一般的に、オーストラリアや、ニュージーランドの人々の書いた書物や論文には難解なものが多いのですが、この本は、非常に読みやすく、続けて読んでも苦痛の非常に少ないものでした。

一九九六年には、『中山研一先生の古稀記念論文集』に寄稿する機会を与えられ、『修復的司法：アオテアロアの少年法―ニュージーランドから世界への贈り物』と題する小論を書かせていただき、刑事司法に対する私自身の長年の疑念を明らかにし、その機会に全文の翻訳に取りかかったのでした（なお、ニュージーランドの若者司法については、藤本哲也教授の論文『ニュージーランドの青少年法と青少年司法システムの現状』があります）（『法学新報』一〇三巻三・四号一九九七年、『刑事司法の諸問題』七三～一〇七頁）。

その後、同年九月から、一年間、ボンド大学にオナラリーの教授として滞在をすることになった機会に、この本の全訳を完成したので、ニュージーランドのリットルトン（クライストチャーチの近くの港町）の教会に、著者のコンセディーン司祭を訪ねました。コンセディーンは、その地区の司祭で、刑務所の教誨師としても活躍しており、新聞記事などにもしばしば登場する有名人でした。彼に会って「あなたの本を翻訳しているので、出版権をほしい」と告げ、了解を得ることができました。

翌年四月には、クライストチャーチを再び訪れ、彼の案内で、普通の男子の刑務所、女子の刑務所、重罪犯人のための施設と、少年院（非行少年を収容する施設）が全廃された後に導入された（六ヶ月以内の）少年と少女のための居住施設などを見学しました。これらの施設では、まったく立会人のいない状態での自由な討議が許され、非常に有意義な時間が持てました。彼の人柄と、矯正の世界のあらゆる人々（看守にも、受刑者にも）の尊敬を受けていることに感銘を受けました。また、彼の教会は、危険な状況にある（at risk）若者達のシェルターともなっており、彼の収入のすべてが、そのために使われていることも知りました。そこで、その翻訳を出版してその利益を、彼の仕事のために献金したいと考えたのでした。

出版社は、この本がいわゆる学者によってかかれたものではないことと、大学で使う可能性があるかなどの条件をつけたので、その出版をあきらめました。しかし、それまでにも関心を持っている人からの問い合わせもあったので、自分で印刷をし、これを理解してくれそうな先生方に送らせていただきました。これに特に関心を持ってくれたのが、この本の出版代表者の前野育三教授でした。

その後、ジムが、二番目の本として、『修復的司法・現代的課題と実務（Restorative Justice: Contemporary Themes And Practice)』（ジム・コンセディーンとヘレン・ボウエンの共編著）を出版し送ってくれたので、早速、二〇部を購入し、これに興味を持ってくれそうな関西在住の友人に送って、前野教授の研究室を中心にして、『修復的司法研究会』を作っていただき、この翻訳を開始しました。

なお、この本は、ニュージーランドでは、少年についてはすでに、『修復的司法』が完成されたという認識の下に、成人に対する『刑事司法の代替としての修復的司法』が論じられています。また、ヘレンは、法律家（弁護士）であり、また、この『修復的司法』の推進者でもあるフレッド・マッカレー判事とスタン・ソーバーン判事とエドワード・ライアン判事も寄稿しております。さらにその実務、および将来の議会・政府の政策などの理解に役立つ資料も編集されていますので、『修復的司法』をより深く理解していただくための貴重な資料となるものと信じます。

婦人の参政権や、女性首相など世界の改革の風は、南（地球の南の端）から吹いてくると言われています。この翻訳にかかわったものは、次は、南アフリカで、さらに、『修復的司法の風』が全世界に行き渡ることを期待しています。

最後に、このあまり売れそうにない書物の出版を引き受けてくれた関西学院大学出版会に感謝します。

二〇〇〇年一一月一七日

高橋貞彦

訳者あとがき

ジム・コンセディーン／ヘレン・ボーエン編の『修復的司法』の翻訳を終えることができた。本書の翻訳によって、ニュージーランドでの制度の運用が、実際のケースに即してよく理解できるだけでなく、修復的司法自体についての理解も進むものと期待している。本書では、傷害や飲酒運転致死などの重い人身犯罪、使用人窃盗や加重窃盗などの財産犯罪、等々、実にいろいろの犯罪が、修復的司法の場で扱われ、その場で解決、または裁判に重大な影響を及ぼす形で解決に寄与している。

犯罪事件の解決について、国家司法に頼るのではなく、加害者と被害者が話し合い、コミュニティの中で解決しようという試みは、一見、前近代に戻るように見えながら、実は近代的な司法の発達の極致のようにも思われる。近代の初期には、法律上の犯罪と宗教的な罪との区別が行われ、それぞれの純化が進んだが、その後、犯罪を単なる道徳違反から区別して、市民生活を侵害するような行為に限定しようとする努力が、自由主義的刑法学として追求されてきた。この延長上では、国家に対する責任よりも具体的な被害者に対する責任を重んじる修復的司法の考え方に行き着くはずである。

しかし、このような修復的司法を行なうには、コミュニティの成熟がなければならない。日本社会でコミュニティはどのような形で存在するであろうか。現在、とくに大都市ではコミュニティは急速に崩壊しているのではないであろうか。近隣社会の連帯感は薄らぎ、親族間の関係も疎遠になり、人々は、バラバラに孤立しているのではないであろうか。隣で重大な犯罪が行われていても気づかないほどの隣人への無関心さが、大都市の生活の特色ではないであろうか。このような現在日本社会で、コミュニティを基礎とする修復的司法は可能であろうか。

上記のような疑問は多くの人が懐かれるところであろう。ところでコミュニティとは何であろうか。「地域社会」、「地域的連帯意識に支えられた共同体」等の説明が妥当するであろう。コミュニティにこのような地域性を求めるならば、たしかにコミュニティは崩壊しかかっている。しかし修復的司法が、その成立の基盤として求めているものは、このような伝統的な意味でのコミュニティである必要はないのかもしれない。国家的統治のような権力的契機がなくても存在する住民の横のつながり、連帯意識・感情こそが必要なのであって、必ずしも地域性は本質的要素でないかもしれないのである。

そのように見れば、現在日本では、ＮＧＯやＮＰＯなどが活躍し、従来の政府機能のある部分に取って代わったり、政府機関ではうまく行なうことのできない領域をカバーしたりする役割を演じ始めている。「子どもの権利条約」を内実のあるものにするために、複数のＮＰＯが活躍し、国連の「子どもの権利委員会」に対するカウンターレポート（政府報告書が取り上げなかった問題を取り上げたり、異なった観点からの報告書）を提出するなどの活躍をしてきたことは、記憶に新しいところである。犯罪被害者支援のボランティア組織も数多く活動し始めている。この分野では、政府機関が行なうよりもボランティア組織が行なう方がうまくいく事柄も多い。

インターネットの発達による、通信の即時性と多方向性が、従来の地域社会を超える共同感情の成立を可能にしているという事情も考えられる。共同体意識の成立には、必ずしも地域性は必須の要件ではない時代がやってきた。新しい広域「コミュニティ」の成立の可能性が開かれた。これは民族や宗教の壁を越えて成立する可能性をもっている。地域性を問題にしない共同感情に立脚する社会をコミュニティと呼べるか否かは問題であろう。けれども、これが、従来コミュニティが担ってきた機能の多くに代替し得るものになる可能性を持つことは否定できない。それを何と呼ぶかは言葉の問題にすぎない。

非権力的な、共同感情に立脚した組織の成立と、インターネットの発達によってもたらされた新しい広域「コミュニティ」の可能性は、新しい「コミュニティ」司法の可能性を開くものだといえないだろうか。非権力的に、コミュニティの中で、加害者・被害者間で問題が解決されることは、国家司法による刑罰的対処よりも、被害者にとっても加害者にとっても満足度の高い解決をもたらすであろう。自ら発言し、決定に関与し、主体的に実行するものだからである。ボランティア組織を生み出し、NPOやNGOを生み出す現在日本社会に、新しい「コミュニティ」司法の受け皿をも期待したい。日本でも修復的司法は可能であるし、それはかならず国家司法よりも質の高い満足を市民にもたらすものだということを確信している。本書がその方向に幾分でも寄与することができるならば、これにまさる幸いはない。

前野育三

[訳者一覧]

前野育三　関西学院大学法学部教授
研究分野：近年は修復的司法
著書：『刑事政策論』法律文化社 1988年
『刑事政策と治安政策』法律文化社 1979年
主要論文：「刑事司法・少年司法の修復的司法化の試み」『法と政治』51巻2

高橋貞彦　近畿大学法学部教授
研究分野：刑罰の歴史、最近は『修復的司法』
著書：『刑事政策』近畿大学通信教育部 2001年
主要論文：「修復的司：アオテアロアの少年法―ニュージーランドから世界への贈り物」『中山研一先生古希記念論文集』成文堂1996年

斉藤豊治　東北大学法学研究科教授
専攻：少年法、刑事政策
著書：『少年法研究1― 適正手続と誤判救済』成文堂 1997年

神田　宏　近畿大学助教授
専攻：刑法
研究分野：少年の死刑

松原英世　愛媛大学法学部助教授
専攻：刑事訴訟法、犯罪学
著書：『企業活動の刑事規則』信山社 2000年
『経済刑法入門（第三版）』成文堂 1999年

道谷　卓　奈良産業大学法学部助教授
専攻：刑事訴訟法
研究分野：公訴時効、ネットワーク犯罪、ニュージーランド刑事法

吉田卓司　甲山高校教諭、甲南大学非常勤講師
研究分野：少年司法や教育法という視点からみた生徒指導と法政策の関係

田中康代　関西学院大学大学院研究員
専攻：刑事訴訟法
研究分野：国際人権法

平山 真理　関西学院大学大学院法学研究科学生
The Center for the Study of Law and Society, UC Berkeley客員研究員
専攻：刑事法学、被害者学
研究分野：修復的司法、刑事司法制度における被害者の権利擁護

[編著者略歴]

ジム・コンセディーン

国際的に知られ、尊敬されている司法改革の運動家である。彼は、20年間以上もニュージーランドの刑務所の教誨師であったが、現在は、修復的司法ネットワークのコーディネーターである。彼は、経済・人種差別・刑事司法と霊的な問題にかんする多くのペーパーを国際的に出版している。彼は、「Poison in the Bloodstream（1991年）」と「Restorative Justice :Healing the Effect of Crime（1995・1999年）」の著者でもある。

ヘレン・ボーエン

若者弁護人と刑事弁護士である。彼女は、オタゴ大学でLLBの学位を得た後、法廷弁護士（barrister）に任じられた。彼女は、若者裁判所の管轄区で600以上の家族グループ会議に出席した。この経験は、彼女の修復的司法の原理への傾倒を形成した。彼女自身は、1994年以来、多くの成人の修復的司法の会議に協力を行った。彼女は、テ・オリテンガ修復的司法グループのメンバーであり、裁判に替わるもののコーディネーターでもある。

修復的司法

— 現代的課題と実践 —

2001年9月10日 第1版第1刷発行
2004年1月10日 第1版第2刷発行

編　者　ジム・コンセディーン
　　　　ヘレン・ボーエン
監訳者　前野　育三
　　　　高橋　貞彦
発行者　山本　栄一
発行所　関西学院大学出版会
　　　　〒662-8501
　　　　兵庫県西宮市上ヶ原1-1-155
電　話　0798-53-5233
印刷所　協和印刷株式会社

Printed in Japan by Kwansei Gakuin University Press
ISBN:4-907654-28-6
http://www.kwansei.ac.jp/press/